历史原来这么有趣 · 汉朝卷

汉武大帝
刘 彻

墨香满楼 著

中国铁道出版社有限公司
CHINA RAILWAY PUBLISHING HOUSE CO., LTD.

内 容 简 介

汉朝在汉武帝的治下声名大噪，成为当时世界上的顶级大国，与西方的罗马帝国交相辉映，影响着当时的世界格局。他穷其一生在为先人"报仇雪恨"，在四海立威。

刘彻是中国历史上争议最大的帝王之一，有人歌颂他威震四方，有人指责他消耗国力。他罢黜百家，独尊儒术，确立儒家几千年的统治地位，将祖辈们运用的治国文化——道家文化打入"冷宫"，让中国文化一步一步走入了迷宫……

刘彻的一生，是一个普通人为帝王的一生，他在权利中丢失了家人，他在矛盾中寻找着自我，在悔恨中教育着后代。他的一生充满着无数选择和无奈……

图书在版编目（CIP）

汉武大帝刘彻 / 墨香满楼著 . —北京：中国铁道出版社，2015.11（2021.9重印）
（历史原来这么有趣·汉朝卷）
ISBN 978-7-113-20558-4

Ⅰ.①汉… Ⅱ.①墨… Ⅲ.①汉武帝（前156～前87）—传记 Ⅳ.① K827=341

中国版本图书馆 CIP 数据核字（2015）第 144849 号

书　　名：**历史原来这么有趣·汉朝卷**
　　　　　　汉武大帝刘彻
作　　者：墨香满楼

策划编辑：祝　松　　编辑部电话：010-51873038　　电子信箱：wenyang211@163.com
责任编辑：徐丽娜
封面设计：陆　仁
责任校对：龚长江
责任印制：赵星辰

出版发行：中国铁道出版社有限公司　　　（100054，北京市西城区右安门西街 8 号）
网　　址：http://www.tdpress.com
印　　刷：三河市燕春印务有限公司
版　　次：2015 年 11 月第 1 版　　　2021 年 9 月第 2 次印刷
开　　本：710 mm×1 000 mm　1/16　印张：14　字数：195 千
书　　号：ISBN 978-7-113-20558-4
定　　价：42.00 元

历史可以写得更精彩

历史是一个国家和一个民族的过去，它像厚厚的座基承载着我们的今天以及未来，所有的政治、经济、文化以及其他任何人类的活动，都在历史中记载。

但是现在的不少人对历史知识的缺乏到了令人难堪的地步，年轻人中把周朝到清朝的顺序排清楚的人或许都不是太多，如果谈到一个朝代具体事件，能插上嘴的人就更寥寥无几。

当今社会不应该出现这样的情况，却又不可避免地出现了这样的情况。

大部分人认为历史是死的，是过去的事情，事实上了解历史的人恰恰不是这么认为的，历史是过去的事情，但它却不是一潭死水，那些过去的事情和过去的人都在历史的石头上画出各种各样的记号，而这些记号更是要告诉人们，什么时候该做什么样的决定，他们的功过成败至今依然在上演。社会在进步，但人的本性发展得却很慢，那些历史上的经验依然值得我们去学习，那些历史上的教训依然值得我们去借鉴。这是不该漠视历史的原因。

但是人们不了解历史，不能把责任都推给群众，大部分人都出了问题，那肯定是有的地方出了问题，什么地方出了问题呢？史学家出了问题，他们记载历史的手法过于老套，我们的文化发展了，从古文发展成了白话文，大段大段的古文记载的史实没有多少群众看得明白，这也是人们更愿意通过电视了解历史而不愿意看书的原因之一，但历史剧往往不够准确。现代的史学家更喜欢用"非常"具有学术味道的语言来记载或者"翻译"之前的历史，他们不考虑读者能否真正读懂这些学术语言背后的故事。那么有没有一种全新的写法既能让读者了解那段历史而又不觉得枯燥无味呢？

本书的作者给了我们答案，历史可以写得很精彩。

80后的作者，用80后的眼光和语言写出了适合大多数读者阅读的历史，其中幽默的语言和现代的笔法让读者可以感觉到原来历史可以和我们如此接近。

目 录
Contents

第十三章 最后的日子

引 子

中国是一个历史悠久的国家，在长达几千年的历史中，有许多人和事值得我们去欣赏、去品味。

尤其是汉朝，作为中国历史上第一个真正意义上的大一统的朝代，它有太多的人和事情值得我们去书写。

《历史原来这么有趣·汉朝卷》这套书我构思了许久，主要讲述的是从公元前209年到公元220年这400多年间关于大汉的一些事情。

本书是《历史原来这么有趣·汉朝卷》的第三册，主要讲述汉朝的另一位伟大帝王刘彻的一生，刘彻的一生是激荡沉浮的一生，是战功赫赫的一生……

汉朝经过前几位皇帝的励精图治和积淀，使其有了打大仗和硬仗的资本，而刘彻充分利用这些资本，多次对外用兵，开疆扩土，刘彻执政末期的版图比秦始皇所开创的版图要大两倍，也基本奠定了今天中国版图的框架……

虽然历史上对他的评价各一，但是无论何种评价，都不能埋没他在汉朝历史乃至中国历史上的巨大作用。

本书依然采用前两卷以年代和具体人物为主线的写法，采用轻松幽默的语言，希望能"深入浅出"地将这段历史讲述给大家。读史这么多年，深知那些学术性的史料多么让人倒胃口，那些"专业"的术语和故作高深的文字将大多数人挡在历史的门外，与这些精彩的人物和事件无缘，不能不说这是一种遗憾和撰史者的悲哀！

我想历史就像我们的过去，只有了解过去，才能展望未来。抱着让更多人了解历史的使命感，我写了这本书，希望大家能从中了解刘彻那个时代精彩的人和事……

汉朝是中国历史上最伟大的朝代之一，而刘彻也是中国历史乃至世界历史上最伟大的君王之一。汉朝在他的治下声名大噪，成为当时世界上顶级大国，与西方的罗马帝国交相辉映，影响着当时的世界格局。

他穷其一生在为先人"报仇雪恨"，在四海立威。同时，他也是中国历史上争议最大的帝王之一，有人歌颂他雄才大略，有人指责他穷兵黩武……

他罢黜百家、独尊儒术，确立儒家几千年的统治地位，将更加根本的道家文化，同时也把他祖辈们运用的治国文化打入了冷宫，让中国文化一步一步走入了迷宫……

刘彻的一生，是一个人普通人作为帝王的一生，他在权力中丢失了家人，他在矛盾中寻找着自我，在悔恨中教育着后代……他的一生充满着选择和无奈，尽管他是伟大的帝王。

第一章 亮 相

公元前 157 年，刘恒寿终正寝，皇太子刘启即位，是为汉景帝。同年，景帝的第十个儿子出生，取名为"彘"。在这么一个国事多变的风雨之夜，这个小婴儿的呱呱坠地如同春草破土般悄然无息，没有带来任何震动。

他的出生极其平静，平静到没有任何人会想入非非，按照封建帝制的"立嫡立长"的规定，就是把十个指头都数遍了也才刚好轮到这个十皇子，这就好比世界杯夺冠，你连十六强都没有进，就趁早别惦记"大力神"杯了。

可就是这么一个连资格赛都没有晋级的"彘儿"，却将最终捧起那代表至高权力的金杯。

命里有时终须有，命里无时莫强求。命运之神在刘彘原本曲折的人生之路上画上了神来一笔，实现了惊天的逆转。这逆转更令后人唏嘘，从而让人更对命运叹服。但是假如单纯相信命运的话，那就小看了人的力量：一个在暗中丰满自己羽翼积蓄力量的人被我们从历史的帷幕后拽了出来。如果你了解这其中的来龙去脉，你就不会再迷信命运之神了，你会发现原来命运之神也只是个江湖骗子，想要成功，就必须处心积虑，步步为营。

这个暗藏在历史帷幕中的人就是汉武帝的母亲王娡，而给王娡暗中上妆的就是王娡的母亲臧儿。

赌 徒

关于这个臧儿是什么来头就要说得远了，当年项羽不是分封了十八路诸侯吗？其中有一个燕王臧荼，这个臧荼正是臧儿的爷爷。

后来，臧荼投降了汉朝，可是投降后的日子过得似乎并不自在。到了汉朝建立第五年的时候，燕王臧荼起兵造反，被刘邦一举拿下，这个还没有搞清楚立场的家族随即就消亡了。但是这个家族并没有因此灭绝，零星的火种鬼使神差地延续了下来：作为王姞母亲的臧儿侥幸死里逃生，因为她还不能死，天将降大任于斯人也，历史的舞台上还有她的戏份。

我们无从知道，这个庞大而冒险的计划是不是从这个时候就开始编织了，如果是这样，那我们就低估了人的力量，低估了女人的力量。

"大难不死，必有后福"，臧儿"大难不死"，但是在她享受到"必有后福"前，这一个逗号竟一逗就逗开了十几年：后福姗姗来迟，确实落得实在太后面了。首先，臧儿的婚姻经历非常坎坷。她结过两次婚，第一任丈夫姓王，叫王仲。臧儿和他育有一男两女三个孩子，男孩叫王信，女孩叫王姞和王儿。不过好景不长，丈夫王仲没过多久就病死了。

臧儿顿时失去了靠山，而这次她不再只是一个人，还有哇哇啼哭的三个孩子，但是她没有被突如其来的悲痛压垮，也没有拘泥于封建妇德的守节凡俗中，毅然决然携儿带女地走上了改嫁之路。

说到改嫁，我们就不得不谈一谈汉代女子地位的问题以及婚姻制度的大环境。而这就牵涉汉代政治舞台上一个举足轻重的女人——吕后。

吕后这个人虽然手段毒辣，但如果只是考虑谋略的话，那也是舍我其谁的王佐之才。当年刘邦打下大汉王朝的时候，吕后就协助刘邦铲除异姓诸侯王。她下令处死韩信，努力帮助刘邦夷灭彭越宗族。汉惠帝死后，吕后更是临朝称制长达八年。在这期间，她擅权用事，汉朝所谓的"母党专政"，"权在外家"等情形多得简直数不过来。恰恰是这些独断的行为从侧面大大提升了那个时期女子的社会地位。于是就出现了女子在汉朝地位比较尊贵的特殊文化现象。

在汉朝，有名的女子不但可以封侯，还可以拥有爵位和封邑。比如，汉高祖刘邦就曾经封他兄伯的妻子为阴安侯。在吕后当政的时候，也曾经封萧何的夫人为酇侯，樊哙的妻子吕媭为临光侯。究其原因，汉代关于婚姻的制度大体上还是比较宽松的，女子丈夫死后，或者和丈夫离婚后，都可以选择再嫁。如汉景帝的祖母薄太后，据传她本来是魏王魏豹的女人，后来被刘邦偶然看中，收入自己的后宫。

史书记载的社会上层妇女比较著名的实例，还有平阳公主初嫁曹时，再嫁卫青；敬武公主初嫁张临，又嫁薛宣；王媪先嫁王更得，又嫁王乃始；许嬑初嫁龙頟思侯，再嫁淳于长；汉元帝冯昭仪母先与冯昭仪父结合，后来又嫁郑翁；汉桓帝邓后母初嫁邓香，又嫁给梁纪等。

汉朝女性并未被封建礼法荼毒至深，难怪臧儿敢押这一注。就这样，臧儿背负着恢复臧氏家族荣耀的使命又上路了。而此时，她正向着一个不折不扣的赌徒一步步沦陷。

臧儿把两个年轻貌美的女儿当作诱饵，从容地守在窗边坐等金龟婿上钩。

但你可别以为谁家生了个好看的女儿都能抄起鱼竿钓金龟婿，不是的，诱饵也是需要素质的。倘若遇上一个不为权贵折腰的特立独行的诱饵，那么这个垂钓的人就得先和诱饵作思想斗争，等这斗争结束了，金龟婿恐怕早已偷吃饱，游走了。

所以说，臧儿的这两个女儿也是非常不简单的，她们年纪轻轻就能明白母亲的良苦用心，而大女儿王娡还当真嫁了一个有钱有势的金龟婿——金王孙。

任何想法想要上升为无法撼动的决心都是需要煽风点火的。

此时的臧儿已经是志得意满了，偏偏又出来一个算命先生，仿佛泄露天机般地对臧儿说，两女当贵（你的两个女儿将来可都是大富大贵的命呀）。

算过卦的人或许都知道，这吉利话也就听一乐呵，本不必当真，可这个臧儿却陷在这四字谶语里不愿意走出来了，窝在墙角里开始思谋起来。两女当贵！臧儿思绪翻飞，在脑海里把金王孙府上上下下勘查了一番，得出结论：金王孙家的这片林子还是太小，顶多算是"富"，离"大富大贵"还远着呢。

凤凰非梧桐不栖，臧儿又怎么甘心守着芝麻，而不去捧那个大西瓜呢？她平静的内心再次刮起了风，卷起了浪，终于波浪滔天，一发不可收拾。

她做出了一个胆大包天的决定，这个决定即使在我们知道了结果后仍不免会捏把冷汗地告诫付诸行动前的她：要三思啊！

对不起，金王孙，我们家女儿嫁错了，你这块金子含金量不够，离婚吧。

这个时候，王娡已经和金王孙有了一个女儿了，我们可以推算一下，从王娡嫁到金王孙家，再到生子，少说也需要一年半的时间。

而且我们不能忘了，王娡是一个女人，作为一个女人在有了儿女之后，她的母性意识就会被最大限度地激发出来，而现在这种做法无疑是撕肉啊，就是活生生地把自己和亲生骨肉撕开，并且永远不能相认，而且她的动机还是如此可怕与自私，不管是情理还是道义都不允许她这么做。

即使放到现在，这种做法也够拿到网站头条炒十天半月了，但是王娡却和当初嫁人时一样，非常配合母亲，这件天大的荒唐事居然被母女俩办成了。

很快，王娡就又恢复了自由身，被母亲包装成黄花大闺女和妹妹一并送入了太子宫。

我们又一次见识了臧儿的可怕，原来你心目中"大富大贵"就是贵为国母，就是无法上封的富贵啊。

这位意志上的强悍猛女走到半路，不知是买通了安检人员还是自己使了什么招数，竟然就这么让自己的女儿蒙混过关。一个嫁过人生过女儿的女人，被狠狠地贴上了"黄花大闺女"的标签，最后还被选中为妃，简直匪夷所思。

在这里，假如你是风险投资商，你也宁愿把钱存在银行吃利息，而不会把钱投在王娡身上的。对于这一点，我们可以计算。

首先，王娡义无反顾地抛夫弃女，假如失败或者良心发现想回到金王孙家的可能性很大。

其次，王娡当时只是能确定被选送到太子宫，究竟合不合太子的胃口还得另当别论，可以这么说，即使是倾国倾城，王娡被选上的概率也不是百分之百。

最后，即使王娡被太子选中贵为妃子，难道王娡就不怕"人言可畏"的杀伤力吗？万一被人举报已经有过婚史，到头来岂不是连自身性命都难保？

但历史不断地这样提醒我们，假使你有野心，假使你马步扎得稳，无

历史原来这么有趣·汉朝卷——汉武大帝刘彻

名小辈照样能练成绝世神功。

在这段奇事中，扮黑脸的一直是臧儿，作为诱饵和棋子的王娡似乎是任人摆布的，然而我们只是看到了臧儿的强悍而忽略了王娡的心计。殊不知，这位美丽温婉的丽人背后潜藏的心计与力量是无法估算的。

蜘蛛不会飞翔，但它却能把网结在空中。它沉默而敏感，坚韧而勤奋，正是因为这些品质，它创造了大自然中许多瑰丽的奇迹。它的网织得精巧而细密，朝着四面八方探寻和扩张，如有神助，富于野心。这样的特性，不禁让我想起一种人，他们沉默寡言，深藏不露。

就这样，王娡以一种和命运掰手腕的形式踏上了征程，究竟能不能胜出，就要看王美人日后的实力了。

刘彻的出生

皇帝的女人生孩子，之于彼此，不仅仅是一种生理上的较量，更多的还是一种心理上的博弈，因为生男生女的差别实在是太大了。王娡自然是没有给刘启生第一个男孩。

为刘启带来第一个男孩的妃子是当时极受恩宠的栗姬，但这个第一并没有给栗姬带来任何实质性的地位和荣耀，她只是抱着这个第一做了几年梦而已。而最后把这个梦敲醒的人不是别人，正是她自己。这是后话了。

王娡很快又怀孕了。但此时肚子里的孩子是男是女似乎已经不重要了，因为这个不知性别的小家伙前面已经有九个哥哥了。也就是说，他已经输在了起跑线上。

一些划时代人物的出生，似乎常常伴有一些神秘天象，这些都不能免俗。而当时刘彻的出生，虽然没有什么神秘的天象，但是他的母亲做梦了。实的不行，咱就来虚的。怀孕期间，王娡告诉太子，自己做了一个梦，日入其怀——就是她梦见一个太阳，忽然落到自己的肚子里了。

这个梦的真实程度当然无从考证，但这个梦的技术含量却是非常之高。

和世界上很多民族一样，我们的祖先历来对太阳是非常崇拜的。太阳似乎一直就是帝王的御用喻体。所以，日入其怀当然是一个吉兆，假使王娡日后真的生了儿子，那么现在这个梦就是一种炒作，一种造势，风水轮流转，说不定皇帝宝座轮了一圈还真能轮到自己这个儿子头上。

这个梦还有一处高明的地方，王娡当时用太阳崇拜所体现权力观的强辐射直接影响到了刘启的政治心理，虽然这个孩子只是刘启的第十个儿子，但是，这个儿子不简单啊！事实证明，也正是因为这个"梦日入怀"的预言给刘启的一个决定重重地画下了叹号。

长安漪澜殿内灯火通明，宫女络绎不绝，随着一声响亮的啼哭，刘彘出生了，也就是后来的刘彻。

这个孩子的出生，真正高兴的也许只有王娡，这是一种为人母的本能。迎接这个孩子更多的则是太子众妃们的不屑，因为作为刘启的十儿子，他已经落后于他大哥九个身位了。事实上，正是这九个身位的隐蔽性，让刘彘避开了争夺储君的热拼冷战，也给他的母亲王美人留得了一席清净之地。这席清净之地也正是王娡规划未来蓝图的书房和后院。

刘彻的名字也是有些来由的。

《汉武内传》记载了这样的传说：刘彘还在他母亲肚子里的时候，刘启梦见赤彘从云中直下降入宫中，又有赤龙绕殿遮窗蔽户，还曾梦见神女捧日授之王夫人。据《汉武故事》记载，汉高祖刘邦托梦刘启，指示这个新生婴儿应当取名为"彘"。彘，即猪的意思。刘彘，也是个堂堂皇子，为什么刘启会给他起这么一个不堪入耳的名字呢？

其实，古代很多大人物，风光的背后都掩藏着一个不堪入耳的名字。尤其是到了西汉，上至尊荣无加的皇族，下至蓬门荜户的百姓，大人在给孩子取名字的时候，都特意选那些市井糙词。

如大汉第一任国母吕后，大人就给取名叫"雉"。雉，说好听了是一种羽毛鲜艳的鸟，说难听了其实就是野鸡。不过，这只野鸡倒真的飞上枝头变成了凤凰，这可不是故事。后来刘邦一命呜呼，吕后掌权，便实施了"名字专利"：全天下避国母之讳，以"鸡"代"雉"。一夜之间，全国的家雉野雉全被易了名。

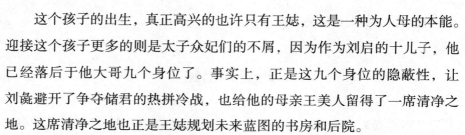

再如赋圣辞宗司马相如，早年不就叫"犬子"吗？后来学识日丰，明礼懂事了，看着自己的名字觉得过意不去，于是便把偶像——蔺相如的名字拿来给自己用上了。大文豪名声在外，"犬子"的小名也不胫而走，达官显贵附庸风雅，纷纷用"犬子"谦称自家儿郎，风靡全城，流传至今。

这一现象盛行的原因，多为民间风俗所致。民间笃信："贱"名好养活。给孩子起个"贱"名，就不容易引起鬼魅的注意，这样就能平安健康地长大了。这也就是所谓的"名上吃亏，命上沾光"。

刘彘，彘有龙相，大概这就是这个丑名字中的最大隐喻。名字虽丑，却暗藏了天机。

几个女人的角逐

宫廷角逐，就是各方利益的一种相互制约和平衡。它不会像摔跤或拔河那样泾渭分明。摔跤或拔河时，对手就在眼前，且只有一方，你只要看准对方弱点使劲便可。宫廷角逐则复杂得多，你就像在一片林间的春雾里感到茫然，而对手有如虬枝盘结，在各个角落蓄势待发，甚至他们手中的拐杖在你不经意间也能置你于死地。

刘彘当时还小，他稚嫩的肩膀还扛不起这么一颗巨大的野心。历史从来不心急，它给了他一个尽日都是泥巴和弹弓的无忧无虑的童年。

那个时候，皇子们都还年轻，不谙世事。但是皇宫里的所有的女主角们却都已浓妆艳抹，粉墨登场。

薄皇后

第一个登场的女人是薄皇后，这个排位既考虑了她的后位之尊，也是感叹这个不声不响的女人给了刘彘角逐皇位的第一张入场券。

薄皇后虽然贵为皇后，却不为景帝所宠爱。她从昔日的太子妃到如今的皇后，终究没有生得一男半女。汉景帝共有十四个儿子，分别出自六个妃嫔，也算得上是多子皇帝，唯独这个牌正名端的皇后没有儿子。一个正牌的皇后，却没有皇子。相对于她的身份来说，这是一个致命的硬伤，身为皇后，自然也因此少了几分底气。

试想每当后宫女人聚拢闲谈，个个孩童绕膝，欢声笑语，这薄皇后难免触景生情，掩面神伤，暗泣不已。但这无子之痛是薄皇后一人之过吗？

下面我们来做一个医学分析。

夫：刘启　妻：薄氏

症状：结婚数年，不孕不育

分析：刘启没有生育能力？这种情况首先被排除，因为他已有十四个儿子。

那么，是薄皇后没有生育能力吗？不排除这种可能。但是巧妇难为无米之炊，倘若景帝从来没有宠幸于她呢？这是另一种可能。于是一个医学问题又变成一个情感问题。

此处为了不产生混淆，薄皇后下称小薄。薄太后下称老薄。

这个小薄是什么来头？在汉景帝还是太子的时候，他未来的皇后就已经被选定了，她就是薄皇后——小薄。这个小薄为什么能捷足先登？这全仰仗于汉景帝的祖母，一个姓薄的女人，薄太后——老薄。这个老薄生于秦朝，原本是吴人，母亲是魏国王族。她常年跟随魏王，也就成了魏王豹的妃子。后来，魏王豹兵败被刘邦所杀。老薄便被送到汉宫的纺织房当织女。

一入宫门深似海，同样，这一织，也是绵绵无尽的长夜，久久等不来黎明。别说得到刘邦的宠幸，就连刘邦的面也没能见上几回。如此凄情，却引来沾得露水之恩的蜂蝶阵阵奚落。圣恩不降，蜂蝶嚣扰，整日忧忡，盼春不归，却疑春色在人间。流言蜚语越传越离谱，终于被一阵春风送到了刘邦耳朵里。刘邦听闻顿生怜悯，于是连夜召见老薄。

露水夫妻一夜情，老薄命可真不薄！一夜临幸便有了身孕，给刘邦生下第四子。

一个叛臣之妃得到这番待遇，老薄确实该心满意足了。她一直崇尚道学，讲求无为自静、顺其自然，正是这种宁静淡泊让她躲过了吕氏后来的疯狂扫荡。在吕后"孜孜不倦"的"除苗"作业之后，这母子俩确实也没惦记过皇位。母子二人逃离了长安这片是非之地，躲到儿子的封国——代国（今山西）生活去了。

吕后专政十五年后死去，吕氏家族势力被汉高祖的旧臣们瓦解。国不可一日无君，一帮老臣经过日夜权衡之后，打定主意，派人到代国迎接刘恒进京为帝。就这样，一个与世无争的女人和她的儿子幸运地跳到了命运的前台。

评判历史人物，尤其是其中的女人，一定要掌握好时代的大基调和大背景，因为女人对环境的变迁尤为敏感。

儿子当了皇帝，自己突然成了皇太后。如今的老薄不再是当年那个在纺车面前黯然欷歔的薄氏，也不是那个只被皇帝垂怜一次的冷遇嫔妃。她现在是德辉天下、尊贵无比的皇太后——天下是皇帝的，皇帝是我的。

境遇变迁，心情也变迁。什么道学，什么无为自静，见鬼去吧，我要的是子孙万代永享富贵。事不宜迟，赶快下手。

老薄的小孙子，也就是当时的太子刘启，成为老薄的下手对象，这是日后的皇帝，我一定要攀上这个亲，可怜景帝小小年纪就已经没有日后给自己选皇后的权力了。

这个皇后就是前面所说的小薄，这样选出来的皇后，景帝能喜欢吗？景帝不喜欢能宠幸她吗？即使是偶尔去皇后宫中，我看也只是唠唠家常，喝几杯水酒，之后走人。

这就应了那句话，出来混，迟早是要还的。恐怕是这个老薄把薄家命运银行里储蓄的好运都透支了，致使后来的小薄再没半点好运可以消费。这往往就是命运的戏剧性，也正是命运的残酷之处。

正是因为皇后无子，所以太子这个位置才有了十四种可能。不，是十五种——这个日后再说。

长公主

长公主的地位在宫中是人所共知的。

作为一个集万千宠爱于一身的皇宫人物，刘嫖有一个非常响亮的封号——馆陶长公主。

在我看来，另一个称呼更适合她——窦太后的贴心小棉袄。

这个长公主在窦太后的眼中可不得了。这窦太后总共就生了三个孩子，小儿子是梁王刘武，按照当时汉朝的国家体制，幼子梁王刘武必须去封国居住，不得长留京城。大儿子是当朝皇帝刘启，自然天天忙于国事，无暇全心侍奉窦太后。扳着指头一数，这不就剩下她的女儿刘嫖可以做伴了吗？再加上窦太后早年便双目失明，内心更为孤独无依，虽然身为太后万人俯首，但说到底人都是胆小的，很容易害怕，是需要被安慰的。宫里真正可以谈心的能有几个？这个长公主刘嫖便成了在她身边唯一的贴心小棉袄。

如果说朝臣仕宦用来影响政治的手段是学识和手腕的话，那么刘嫖用来影响政治的手段便是亲情。说到亲情，其实是非常有力度的一种手段，因为它来得名正言顺，来得潜移默化。要问此时宫中谁最灵光，唯推长公主刘嫖。

谁如果忽视了这个女人的存在，那他就别玩政治了，后来栗姬的下场就证明了这一点。

母后娇惯，兄弟护爱，也没有其他竞争游戏可玩。整天衣食无忧，悠然自得，她也坐不住啊，但是找点什么事做呢？这时一个人跳进了她的心里。

阿娇！刘嫖最放心不下的就是她的宝贝女儿阿娇了。这个阿娇从小荣宠至极，被长公主视为掌上明珠，所以女儿以后的婚嫁问题自然是刘嫖心里最重要的事。

我刘嫖是谁？我的女儿又是谁？我要让她得到天下最好的，她的男人当然也只能是天下最好的男人了。一刹那，刘嫖剑指皇位——阿娇要当未来的皇后。

搭弓上弦，刘嫖立刻将准心对准了新太子刘荣。

我们前面已经说过，作为景帝正室的薄皇后膝下无子，这太子自然就被栗姬所生的大儿子刘荣抢了头彩。

长公主刘嫖迫不及待地差遣一个"金牌"媒婆去撮合这门亲事。

这门亲事在刘嫖看来是门当户对、十拿九稳的，找个媒婆来只不过是走个过场。她已经盘算起婚礼的花销规模了。思虑间，媒婆灰头土脸地回来了，狠狠地嘟囔了一句，吹了。

什么？吹了！这一道晴天霹雳狠狠地劈在了刘嫖美滋滋的心上，害得她半天没回过神来。

栗姬拒绝了这件婚事，直截了当：我儿子还小，选妃之事当从长计议。

回过神之后，愤怒如决堤的洪水席卷而来，淹没了人性。

结　盟

一个女人霉运的开始，却也是另一个女人鸿运的开始。这个关键时机对于王娡来说，可真是天赐良机！那么好吧，补补妆赶紧上台吧。

选择这个时机上场，王娡可真是挑对了时候。大家想想，长公主现在的心境会是怎样的？我堂堂一个长公主被你栗姬拒绝，简直是奇耻大辱。敌人的敌人就是朋友，此时这三个女人便拉开了一出大戏的序幕。

面对同样的敌人，王美人很快便和长公主成了姐妹淘。这一步棋，无须花费王美人多大的心机，一是由于女人敏感的天性；二是中国人千年不变的古训——"讨好大姑姐"。一招鲜，吃遍天，想要在婆家找个好地方乘凉，这招是最重要的。要怪就得怪这栗姬恃子傲物，不识时务。

前面已经提到，薄后无子，于是景帝的长子刘荣顺利地被立为太子。这就出现一个奇怪的现象，太子的母亲不是皇后。按理说，刘荣升任为太子，景帝废薄立栗不就行了吗？

但是这个汉景帝却迟迟没有动静。正是这种没有动静让长公主和王美人暗暗察觉——还有戏。不管怎样，王美人和长公主还没有死心，这时候她们彼此结为同盟是再划算不过的事情了。

于是历史上著名的"金屋藏娇"即将上演。

一天，王美人与长公主又聚一起，两个有共同语言的女人家长里短地闲聊，两个孩子则在一旁欢闹。彻儿玩累了便投向母亲怀里，长公主顺势抱过刘彻放在膝上，问他，"彻儿，你长大了要不要娶媳妇啊"？小刘彻点点头说要。长公主姑姑指着周围百余名宫女又问，"彻儿喜欢她们中的哪个啊？要不要她们？"小刘彻连连摇头。姑姑再问，"那阿娇你要吗？"小刘彻不假思索地说，"假如阿娇姐姐嫁给我，我就造一座大大的金屋子给她住。"

这句童言不仅成就了中国式爱情的千年佳话，也成全了两个女人的政治盟约。

这段对话看似蜻蜓点水，轻描淡写，其实凝结着很多功力，实质上是这两个穿着隐形衣的母亲，在相互过招，各有所图。王美人想依靠长公主将自己的儿子扶上帝位，而长公主则想凭借小刘彻让子孙荣光万代。

这样一个盟约对于两个各有所图的女人来说是成功的；但是对于这段所谓的爱情而言却是残酷的，因为这段爱情有一个童话般的开始，却没有一个童话般的结尾。

栗　姬

栗姬这会儿终于要出场了。

假如把皇宫生活比作是一场声势浩大的交响乐，那么栗姬就是其中一个走调的音符。

假如说一般人有两张脸谱的话，那么皇宫里的妃子们必须有一套脸谱，什么场合换什么脸，遇上难对付的人，抄家伙找脸也是经常的事情。可是这栗姬似乎没有这套装备，天天对人摆着一副受委屈的小媳妇脸。对人情世故的认知非常不到位。

下面，我们来看看这个栗姬做的蠢事儿吧。

栗姬天生丽质，能歌善舞，又生了大皇子，皇帝对她自然是宠爱有加。按理说后面情节的发展，我们闭着眼睛都能猜到。

这样的一个人，想当皇后还不是板上钉钉的事？但是命运就是喜欢开玩笑，最想升迁的人偏偏就摔了，还摔了个体无完肤。

空头支票

这个时候从栗姬嘴里说出最多的话大概就是"妾日后定会重赏你"。

这句话又是从何说起呢？

原来当时刘荣已经被封为太子，栗姬认为景帝废掉薄皇后改立她为皇后是迟早的事，所以，一遇到让臣子百官帮忙的时候，栗姬总不忘补一句"妾日后定会重赏你"。

如此看栗姬，也不是一个单纯的女人，她知道现在是她的得意之时，所以笼络人心，取悦朝臣的事从现在就开始做功课了。

但是她忽略了一点，那就是景帝的犹豫，犹豫之中便见端倪。

景帝为什么犹豫呢？栗姬当皇后是再正常不过的事情了，可就是在这再正常不过的事情上，景帝却犯了嘀咕，可以说，这根本就是个危险信号。

但是栗姬却完全无视这个危险信号，还到处给人开这张空头支票："妾日后定会重赏你。"这不就是说，我当皇后那是必须的，你们跟着我，有肉吃。

只肯沾光，不肯吃亏

世界上往往存在着一种女人，她们只想占便宜，不肯吃半点亏，不识大体，不重大局。

一般情况下，在这种情势和这种地位中的女人，是会自动机警起来的，因为此时的地位和情况会给一个女人无限的想象，会让一个女人的欲望有无限延伸的可能，因为你的儿子有可能坐拥大汉江山。这种至高的权力便是欲望的尽头，是一个女人终极的追求。但是栗姬的小任性与小狡诈却断送了她的大好前途。

栗姬就是这样一个不谙世事的女人。她关心的只是自己的小心情，照顾的只是自己的小感情，天真地以为会和皇帝产生小爱情。这一切决定了她做的只能是小事情，在宫中获得的也只能是小地位。

据说景帝平叛诸侯叛乱那年，一天，窦太后宴请众妃子，这宴会窦太后虽然有自己的目的，但一位什么都不缺的老太太，自然不会为难众嫔妃，众多妃子一般都能体察到这种信号，唯独这个栗姬例外。

在饭桌上，老太太先是唠唠家常，接着就和这些妃子们玩游戏，这些妃子如果输了，就主动把身上值钱的东西拿出来。

一位老太太，为什么玩这么无聊的游戏呢？我们分析一下当时的状况。

当时正值"七王之乱"，以吴王刘濞为首的几个藩王正在进攻朝廷。大敌当前，前线正是需要钱粮的时候，景帝自然不好意思向自己的女人们哭穷要钱。这个时候，还是这个当母亲的理解儿子的心事，于是便想出这么一个主意让后宫的女人为前线募集点钱。

但凡有眼力的人都能看出窦太后的良苦用心，所以很多妃子输就输了，都干脆利落地把值钱的东西交出来。

这王美人更是积极，还没开始玩就主动认输，把身上能拿的东西全都拿出来了。窦太后表面看似波澜不惊，心里却因王美人的举动而起了涟漪。

很多人把捐款当作是善行，没有理解成责任和义务，他们不知道在非常时刻，为国家作贡献是一种责任而不仅仅是善行。在这里，栗姬因为理解偏差又要被扣分了。既然是善行，那当然是可为可不为，而我不是什么善良的人，我才不要损失什么银两，打仗关我什么事情啊！

因此栗姬游戏玩得最认真，输得却最不情愿：游戏本来就不公平，凭什么让我无故损失钱财啊，我不乐意。任性的她耍起了脾气，连窦太后这个老太太都能感觉到，你说太后能喜欢她吗？而如今说话最管用的不就是这个窦太后吗？你连主事的人都得罪，还能翻得了身吗？

没有金刚钻，就别揽瓷器活

当朝最受宠爱的长公主向你栗姬提亲都被你给拒绝了，你还有什么事情不敢干啊。

栗姬为什么拒绝长公主的提亲？原因不过是因为嫉恨。

长公主刘嫖当时为了讨她这个皇帝弟弟的欢心，经常从各地选来各式美女敬献给皇帝。这样，栗姬的得宠时间自然就少了，心里对长公主的怨气也就越来越重。作为一个女人，嫉妒之心都再所难免，可是你必须摆正自己的位置啊。你是谁的女人？你是皇帝的妃子啊。当了皇帝的老婆就收起你那些小性子、小脾气吧。

宫廷斗争瞬息万变，栗姬就这样拒绝了对她最有利的保护伞。

长公主对景帝咬耳朵，说栗姬经常让她的仆人和侍卫在长公主背后诅咒和唾骂她。众口铄金，这是说多个人说同样的假话，假话也能变成真话；而如果一个人多次说同一个假话，那么这假话也能成真话。长公主这么做了，而且景帝也相信了。栗姬在景帝心中的光环暗淡而阑珊，形象一落千丈。

得罪了长公主，正是栗姬灾难的开始。

窦太后

她是在汉朝历史中不得不提的一个人物，她是当时景帝时期乃至武帝初期最有发言权的一个人。

窦氏出身贫寒，她的父亲为了逃避秦乱，隐居山林，后来却不幸坠河而死，留下三个孤儿。

汉朝初期，朝廷招募宫女，窦氏年幼应召入宫，公元前195年，高祖刘邦驾崩，皇后吕雉操纵国政。

窦氏虽长得娉婷玉立，但是从未被高祖临幸。一次，吕后挑选一些宫女赏赐给诸侯王，每个诸侯王赏五名宫女，窦氏也在选中之列。

窦氏因为家乡离赵国近，她思乡心切，希望能到赵国去。于是，她找机会托关系、送礼，希望派遣官能通融一下。虽然该做的事情都做了，但是这个宦官在分派宫女时竟然把这件事给忘了，结果把她的名字划进了去代国的花名册里，就这样她去了代国。

没想到这一差错，竟然造就了一位皇后。虽然这不是窦氏的心愿，但到了代国，代王刘恒非常喜欢她，先与她生了个女儿刘嫖，后又生了两个儿子，刘启和刘武。

前面已经说过，代王刘恒躲过了吕后疯狂的屠杀，出乎意料地被推举为皇帝。

就这样，窦氏也迷迷糊糊地成了皇后，虽然她当时不是刘恒的正室，但是当时的正室在刘恒被立为皇帝之前就过世了，刘恒称帝之后，正室所生的几个孩子也都相继夭亡。

命运有的时候就是这么爱开玩笑，一个没有任何企图的女人成了皇后。

窦氏的地位步步高升，到了景帝时期，她便成为窦太后，说的每一句话，也是一块石头，一个坑——相当有分量。

所以说，窦太后到底站在哪支队伍中，对于这些垂涎皇位的人来说，是非常重要的。

写到这里，大家不难看出，汉朝发展到此时，"太后现象"是非常严重的。吕后、薄后，今天的窦后，为什么她们可以肆意干预朝政呢？

如果考察一下汉代的母子关系，就会发现"太后现象"是非常正常的，并且景帝比起他的父亲，他还是差了好多。

翻开史书，我们可以知道，汉朝是最讲究孝道的朝代之一，尤其是"文景之治"时期，这两个皇帝都是极力推崇"以孝治天下"。

文帝时期更是规定：80岁以上老人每月供给一定量的米、肉和酒。

汉文帝刘恒自己便是一个仁孝之君，人们常说"久病床前无孝子"，但是文帝却能三年如一日地侍奉卧病在床的母亲，常常"目不交睫，衣不解带"。早上起床后的第一件事，必定先去跟母亲请安。晚上临睡前也会再去请安一次。文帝对母亲所讲的话，也是从不敢违背。

汉朝作为第一个公开标榜"以孝治天下"的封建王朝，并且全方位巩固这种思潮——运用政治、文化、教育、法律等手段，强化了以孝为核心的封建伦常的地位。

从此以后，孝不仅成为支撑中国古代政治的伦理精神支柱，而且也让外戚成为搅动中国古代政治的一股强大力量。同时，也使孝的观念深深地植根于中国人的内心世界，积淀成一种深沉的民族观念，对人们的生活和社会的各个方面都产生了重大影响。

如此说来，景帝听从母亲的吩咐，是再自然不过了。

所以，窦太后在皇位继承人的问题上到底会投谁一票，成为大局走势的关键。

历史原来这么有趣·汉朝卷——汉武大帝刘彻

第二章 艰难的入场券

前面提到，谁是未来的储君？这重要一票，实际掌握在窦太后手里。那么，景帝的这十四个儿子到底谁才能中老太太的意呢？

答案是没有一个。

窦太后年纪虽然大了，可想象力一点儿也没有退化。

她的理想继承人不是别人的儿子，而是自己的儿子——梁王刘武。

读者朋友读到这里可能会和我同样吃惊，这老太太野心不小啊。就是这种野心不得不把我们引入一个非典型的思考轨道。

我们以为，关于皇位的争夺也就是那十四个皇子之间的事情，没想到事件又发展出第十五种可能，半路杀出个梁王，看来储君之争是越来越好看了。

谁都不应该吝惜自己对天命的想象力。梁王刘武如此，窦太后也是如此。

老太太为什么力荐梁王为储君呢？

这个梁王是窦太后最小的儿子，"母疼幺子"也是情理之中的事。

但是，这种宠爱在梁王身上似乎过头了。看看刘武的排场——食、住、行，档次一点也不逊于皇帝。虽然当时的梁国只是一个边城小国，可是国民的富庶程度一点也不比长安差。事实上，这和窦太后的偏爱是分不开的。

偏爱归偏爱，可是让小儿子继承皇位的这种奇怪的想法究竟是怎么从老太太头脑中萌生出来的呢？

那就要说到景帝在立太子前，窦太后主持的一场迎接梁王的家宴了。既然是家宴，来的人自然都是皇亲国戚。

好久没有见梁王这个小儿子了，窦太后喜不自禁。觥筹交错，开怀畅饮之后，老太太开始说话了。

我这么一个老太太，活这么大无非就是希望儿孙在身边，眼下大儿子做了皇帝，整天东忙西忙，说话见面的次数少之又少。盼望着小儿子能常说说话吧，他还远在梁国，想要来看看我还得很久，你们说说，我都这么大年纪了，还有什么盼头啊！说着还落下几滴眼泪。

在我们看来，眼下这种情况或许是这个年岁已高的老人的真实心声，或许只是剧情的需要。

景帝可是个孝顺的儿子，看见母后如此伤心，于是便说，想让刘武常年留在母亲身边也不是不可能，等我千秋之后，让弟弟来做皇帝（"千秋之后，传位梁王"）。

说者无心，听者有意。老太太听后脸色立马放晴。说着就要让两兄弟举杯盟誓。

母子三人在此演这出家戏还有没有其他含意？想要办这荒唐事，还要问问老祖宗。

在一旁的窦太后的侄子窦婴发话了。

都是醉话，皇上刚才是多喝了几杯，父子相传是汉朝的祖制，皇上怎么把祖制给忘了呢？

一语点醒梦中人，景帝这才回过神来，是啊，我怎么能说这种糊涂话呢？醉话，都是醉话。

这一出戏，想想就觉得可笑。我们来分析一下，当时的太子还没有册立，在座的来宾也都是皇亲国戚，谁当太子，谁是储君当然是大家最关心的一件事情了。

这下倒好，母子三人在上面演群口相声，底下人的心却跟着这三个人的嘴皮子在动。

窦婴这一解围，最感谢他的当属皇长子刘荣的母亲——栗姬了。

窦婴这下麻烦了，得罪了窦太后，迟早吃不了兜着走。惩罚很快就来了，窦太后极为恼火，不但取消了他的门籍，而且以后休想再出入皇宫。

无奈之下，窦婴只好卷铺盖回家，与其在宫中丢脸，不如回家深居简出。

但是窦婴可不能这么早就退场了，虽然得罪了太后，可是皇帝记了他一功。

多事之秋啊！家宴之后，震惊朝堂的七王之乱爆发了。

后宫的季节

一棵参天大树，如果被戴上了"第一高"的帽子，一般就做不到宠辱不惊了。因为树大招风，会有越来越多的目光觊觎这顶帽子，越来越多的人妄图取而代之，越来越多的野心蠢蠢欲动。既然长不到更高，那就把更高的扳倒——这就是太子刘荣当时的处境。

刘彻的幸运之处就在于树大好乘凉，此时的他可以安心地躲在刘荣遮天蔽日的阴影里，在皇宫各式各样铺天盖地对刘荣的巴结、算计中，悄然地迅速成长。这不是一种主动成长，而是母亲王娡近乎揠苗助长式的一种被动成长，但是不管怎么样，刘彻还是在飞快地长大。

我常常在想，一个人是看着前方才走到前方的吗？答案应该是否定的，前方太扑朔迷离，一个人能走到前方并不是只看着前方，而是仅仅在向前走，大步流星地向前走：既然选择了前方，便风雨兼程。往前走的同时，需要天时，需要地利，也需要人和。

当然，刘彻的前进是一系列因素共同作用的结果。

若想让刘彻翻身当上太子，首先要扳倒的就是现任太子刘荣这棵已成为阻碍的大树。

刘荣虽然身为太子，但没有什么心机和可怕之处，所以想要让刘荣轰然倒地，首先要对付的就是他的母亲——栗姬。

栗姬是一个什么样的女人，相信大家也都大致了然于胸了，而接下来，这位栗姬还是用自己短浅的目光，以另一种方式不遗余力地"帮助别人的儿子，推倒了自己的儿子"。

景帝执政以来，大大小小的窝囊气受了不少，在家受他老母亲的气，在外受着匈奴的气，健康状况也是一天不如一天了。

既然时日无多，景帝也开始紧张这身后事了。于是，他把一直跟他闹别扭的栗姬叫到身边，甜言蜜语地哄了几句，就开始向她嘱托后事了，"属诸子为王者于栗姬，曰：'百岁后，善视之。'"（景帝将自己已经封王的儿子交付给栗姬，委托她在他百年之后好好照顾他们。）

看到这里，大家是不是都明白了？景帝原来是攒着心里对栗姬的喜欢，表面上看是托孤，其实就是在交权。这十四个儿子也各有其母，景帝为什么不托付给别人，偏偏托付给你呢？这说明在景帝心里，栗姬还是排在前面的，把她立为皇后也就是稍后的事情，而且当时的景帝绝对没有废掉太子刘荣的意思。

我们看一下当时的情况，这个时候，薄皇后已经被废黜了，皇后这个位置就有多种可能，但是可能性最大的还是栗姬，这个托孤的行为也正证明了这一点。这时，景帝用一种行为艺术表达着他对这对母子的疼爱：朕何尝不挂念你们母子？可是宫廷之事必须得沉得住气。如今我行将就木，把一切托付给你，你要善为啊。

有的故事为什么好看，就是因为它不按常理发展。按常理栗姬应该领旨谢恩了。

但是——栗姬听后，勃然大怒。

怒从何来？

你以为我栗姬是你们刘家的保姆啊！你活蹦乱跳那阵子怎么没想起我来？现在要死了，倒想起我了！要我照顾你的那帮皇子，想都别想！

景帝先是愣住了。

接着便怒火攻心，对于栗姬这种神经质的拒绝，景帝大喊一声："滚！"

栗姬这一滚便再也没有爬起来。

而景帝的病似乎也被栗姬这一闹又有精神了。

一个人的成功是踩着另一个人的肩头爬上去的。以前，栗姬的肩头太高，王美人攀不上，现在你倒地了，我自然不能放过你这块垫脚石。

经过王美人和长公主的精心策划，一个人被他们选中作为压倒栗姬的最后一根稻草。这个人就是栗贲，在朝中的职位是大行令，也就是主管皇帝起居和礼仪的官员。不过官职只是他被选中的一个可以忽略不计的原因，更重要的原因是他也姓栗，而且是栗姬的兄弟。

长公主对栗贲说，朝廷已经多时有君无后了，说起来也是不成体统。你既是掌管礼仪的官员，让皇帝册封皇后是你分内之事。另一个重要的原因就是，栗姬是你们栗家的，倘若你们栗家能出一个当朝皇后，这可真是光宗耀祖啊。

可不就如此吗！栗家要真出个皇后，这以后的日子可就好过了。

历史不止一次地告诉我们，斗争从来都不是单枪匹马的，有时候，你身边站着的是什么样的人，就会决定你走什么样的路。

栗姬有一个不识大体的倒霉兄弟，这又是她比不过王美人的一点。王美人也有兄弟，但是后来事实证明，王美人兄弟的智商远远在栗贲之上。

朝堂之上，栗贲揣着自己的小九九，满心欢喜地向景帝上奏：国已多时有君无后，母凭子贵，立栗姬为后是顺承时应之举。臣恳请皇上立栗姬为皇后。

此话一出，大殿之内顿时噤若寒蝉，大臣们个个颔首屏息，诚惶诚恐。当今的时应谁不清楚？皇帝放着一个该立为后的妃子三年都没什么动静，谁还敢有什么动静啊？栗贲就样把这层窗户纸捅破了。

窗户纸捅破了，导火线也起了火星儿。

景帝大怒，拍案而起，废了太子刘荣，所有朝中栗姓亲属一并受罚。

这个栗贲啊，到刑台恐怕还不清楚自己犯了什么罪。

那我们就让他死能瞑目吧！

栗贲一个小小的大行令，虽然掌管宫中礼仪，但是你对我刘启的家事操什么心啊？丞相都没说话，你有什么资格说话。既然你有这天大的胆子，那一定是受人指使。指使你的人能是谁？"栗贲"这两个字就招供了一切，这个人一定就是直接受益者——栗姬。

好你个栗姬！你是怕我不死啊！等了三年就等得不耐烦了！竟然让一个大行令来怂恿我立你为后！

这么一来，景帝新仇旧恨一股脑都撒在栗姬头上了。这旧恨是没错，前面栗姬对景帝确有大不敬；可是这新仇就冤枉了，因为事实上，栗姬压根就不知道这件事。

事情的始末都是王美人和长公主设计的。

栗姬冤枉啊，但是皇室这条道路走得远与近是和心机、情商成正比的，以栗姬的心机，也只能走到这里了。路遥易知马力，日久难见人心啊！

景帝前元七年冬，太子刘荣被贬为临江王，而昔日集万千宠爱于一身的栗姬也被打入冷宫。

一向年光有限身，我们不得不感慨世事无常，造化弄人。冷宫清锁，茶水常凉，夫何一佳人兮，步逍遥以自虞。看莺飞燕落，芳草年年与恨长。从此栗姬的生活，只剩记忆。梦中酸涩，醒后掩泣；梦里甜蜜，醒后涕零。

绝望在生活里并不容易出现。一个人绝望透顶了，往往会衍生出另一条殊途同归的希望。栗姬的记忆已被她反复地抚摸摩擦得破旧不堪，但她依旧不肯放下，她违心地祈求，皇帝不会忘了曾经的海誓山盟，曾经的风花雪月，这一切，只是皇帝短暂的失忆。

于是她把这一切杂糅进她的记忆，变成一种向前看的等待。在等待中枯萎……

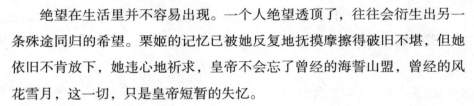

最后的过招

太子刘荣被废，这给了那些有蠢蠢欲动野心的人更加广阔的空间。

其中梦做得最美的就是窦太后。这王美人还没来得及跳出来过上几招，老太太就又出手了。

为什么说是"又"呢？

因为老太太不改初衷，还是要为梁王来争这个储君之位。

这不，老太太摆擂台叫板了，谁想当皇帝，可以！来，单挑！

这话是说给谁听的？

放眼看看明处、暗处，能与之抗衡的也只有王美人了。

但是老太太可不这么想。她认为，和她抗衡的只有当朝皇帝，她的大儿子——刘启。

可见，这老太太不但视力不太好，政治嗅觉也不怎么敏感啊！

窦太后的卷土重来不仅让王美人始料不及，就连景帝也大吃一惊——老太太心里还惦记着这事！

上一次景帝是怎么化险为夷的呢？是以别人措手不及的速度突然立皇长子为太子，断了老太太的心思。立皇长子那是名正言顺。但是这回呢？这回又能拿出什么理由才能过关呢？

景帝犯难了，而窦太后不依不饶，景帝只好口头上先答应下来，但是他提出，这么重大的事情一定要和朝中的大臣们商量。

如此来看，景帝似乎已经松口了，对固执偏心的母亲动摇了。但真的是这样吗？景帝当时的托词是与朝中的大臣们商量。

商量？你立太子的时候怎么不和我们商量？你废太子的时候怎么不和我们商量？

这就说明其实景帝的心中是早有打算的，梁王刘武当皇帝？想都别想。所以，和大臣们商量只是权宜之计。

大臣们是干什么的？大臣们就是揣摩皇帝心思的。

这是专业功夫，那个被皇帝处死的栗贲不就是因为基础知识不扎实而送命的吗？

所以，朝中所有大臣都是知道皇帝真正的心思的。经过一场"朝议"之后，窦太后的主张自然被搁置，这一搁置，其实就是该提议被判了"死刑"。这个时候的搁置就是搁置，"死刑"就是"死刑"，"来日再议"的另一种说法就是"不行！想都别想"。

"来日再议"这场戏中的男一号就是当年主张杀晁错的袁盎。

紧接着，也就是我们经常在电视剧中看到的一幕，许多老臣跪在当权者面前，个个痛哭流涕，把先帝、先祖皇帝各位列祖列宗搬出来一一缅怀，然后仰天长啸一声，臣对不起先皇啊！轻者泪涕横流，重者倒地昏厥。

第二章 艰难的入场券

事实证明，这招虽然俗气，但是管用。

面对太后，袁盎循循善诱地劝解，他问太后，如果您立梁王为储君，那么将来梁王百年之后，这个皇位又将传给谁呢？是景帝的儿子，还是梁王的儿子？

窦太后听完，不假思索地说，武儿百年之后，再把皇位还给他哥哥的儿子呗！

老太太这下中套了，袁盎要的就是窦太后这句话。

那好，太后，我给您讲一段家庭悲剧。老太太一听是家庭悲剧，立刻就来了精神，其实这窦太后除去太后的身份也就是一个上了年纪的老太太，家庭和睦、安度晚年才是她最大的心愿。

春秋时期有一个宋国，当时宋国的国君是子力，他没有把皇位传给儿子，而是传给了他的弟弟。弟弟做了几年的国君，弥留之际，弟弟为了感谢哥哥，就又把皇位传给了哥哥的儿子，并让自己的儿子到另一个国家定居。但是弟弟的儿子非常不服气。于是，这两兄弟的儿子们兵戎相见，血流成河，宋国大乱，三个国君接连死于非命。

这"血"啊，"命"啊的，老人家是见不得的，说到这里，窦太后已经惊出了一身冷汗。

窦太后对春秋时期的史实也不十分了解。袁盎大脑一转，太后对春秋时期的史实不了解，可这发生在眼前的七王之乱不会不清楚吧？可不是吗？窦太后才受了袁盎"血、命"的惊吓，现在又看到七王之乱中骨肉相残的惨状，心里就开始犹豫：是啊，到了我孙子那辈我是不在了，这帮后代子孙万一火并起来，刘家的江山万一断送在我的手里……老太太越想越怕，越怕也就越老实。

此后，立梁王为储君的事情，老太太再也没有提过。

至此，我们的男一号——袁盎大获全胜，但这似乎也是袁盎最后露脸的机会。

故事讲到这里，我们似乎忽略了一个人——梁王刘武：这个太后的儿子，皇帝的弟弟，刘彘的叔叔，平定"七王之乱"的功臣。

太后那边是消停了，梁王会放弃吗？十皇子刘彻能冲破这最后的藩篱直上那俯览众生的凌云之巅吗？

别说先前的窦太后没有看出储君之争的真正对手是谁，就连梁王都没有想到他的这个小侄子竟会成为他最大的对手。梁王身边有一个亲信，名叫韩安国。

韩安国这个人可不简单。他在梁王朝内当大夫，不仅文武兼备，而且能言善辩，是个全面发展的人才。在梁王的各种重大决策中，几乎都由韩安国充当梁王的头脑。

韩安国曾经因罪被囚禁于山东蒙城的一所监狱内。鱼游浅水遭虾戏，狱吏见平时春风得意的他如今银铛入狱，便落井下石，对其百般羞辱，以满足差额补位的变态心理。大丈夫者，当能屈能伸，前有韩信胯下受辱，今者韩安国狱中蒙羞。一次他义正词严地对着狱吏说了一句话：死灰难道就不会复燃吗？

这狱吏反应倒挺快，但并没有被吓住，趾高气扬地说：死灰要是复燃了，我就一泡尿浇灭它。

不久之后，韩安国果然复官，出任内史。他再次站到这个狱吏面前，冠冕华服，一派威仪。

死灰已经复燃了，你该怎么用尿浇灭呢？狱吏也不笨，学习廉颇，赤裸上身，上门谢罪。最终大人不计小人过，韩安国友好接待了他。

能知窘境而不窘者，大丈夫也；能茹苦恨而不发者，大智者也；能存锋芒而不露者，大权谋家也。

也正是这个人，发现了藏在暗处的敌人，察觉到了王美人的锋芒。在几次与王美人的弟弟田蚡接触之后，他心里一个巨大的问号在翻涌，慢慢地这个问号伸展成了一个大大的惊叹号。一个宫中普通妃子的弟弟，为什么要极力讨好、巴结我呢？而且这个女人还和当朝红人长公主私交甚好，两人的孩子更是定了亲。

这个女人绝不简单，她是拉着儿子奔着皇位去的啊！

韩安国连忙把这个信号告知给梁王，接连数次，但是梁王每次都一笑置之。

难道，刘彘能成为皇位继承人吗？如果寡人的对手只是像刘彘那样的人，那我这个当叔叔的还真羞于和他去争了。

这句话既是戏言，也是天机。

韩安国的提醒并没有使梁王警惕，梁王只是一味地认为是当今皇上和一帮老臣在反对他。

窦太后溺爱梁王，这是人所共知的，而梁王也仰仗着这样的溺爱胡作非为。不仅在日常生活上做派奢华，在行为举止上也攀比皇帝。

汉景帝对这些心知肚明，而且非常反感，只是碍于老母亲的面子不好发作罢了。

刘武不但不知收敛，反而是变本加厉，当他知道，老母亲提出立他为储君的提议被全票否决之后勃然大怒，立即派人调查到底是哪个不知死活的家伙坏了他的好事。调查的结果让梁王大吃一惊，反对他的不是一个两个，而是以袁盎为首的一大批朝臣。

既然如此，来一个杀一个，来一百个杀一百个，来多少个我梁王都照单全收。梁王也真是个急性子，派刺客潜入京城，一夜之间，朝廷重臣几乎全部命断梦乡。

这是何等的大事！朝臣几乎全部死光，这就意味着国家机器几近瘫痪，景帝大为震怒，他立刻派人追查凶手。与此同时景帝心中已有一种预感，那就是这桩血案的幕后指使不是别人，正是自己的弟弟——梁王刘武。

于是，调查人员来到梁国。

眼看一场好戏就要开演。你梁王这么嚣张，虽然母亲宠爱你，但这次你犯了大错，看我不揪出你的错误叫你好受。

就在这个时候，韩安国又站出来了。他当即跪倒梁王面前，老泪纵横："大王，您真是糊涂啊，您和当今皇帝的关系，比起皇帝和他那个被废的太子的关系，哪个更亲近一些？"

梁王说，"他们是父子，血亲骨肉，当然是他们的关系更亲近了。"

"大王既然知道，那您还不赶快认罪并交出凶手？当初就因为栗姬做错了一件事情，说错了一句话，就被贬入了冷宫，刘荣也被废了太子。这说明当今皇上是公私分明的。他的太子犯了错，他都没有任何偏袒，现在何况是您呢？皇帝之所以长久以来对您无限忍让，那都是碍于太后的面子啊！大王想过没有，如果有一天太后不在了，大王还能仰仗谁？"

韩安国的这番话严重到让梁王根本没有思考的余地，他一贯的骄横全部化成恐惧。

没错，韩安国说得句句是实，当今天子哪是怕我梁王，分明就是不想伤害我们的老母亲啊！

梁王随即答应交出凶手，但是这几名凶手在押解回都之前就自杀了，这也给梁王留下了推辞的借口。

可死的毕竟都是朝廷重臣啊，事态的严重性，不得不逼着梁王的态度发生质的转变。梁王在犯错之前还是个意气用事的孩子，犯错之后便成长为一个能思前想后的大人了。怎么办？干脆负荆请罪——以史为镜，汉朝的人还真会学以致用。

于是，一向跋扈的梁王真的光着膀子，背着荆条跪在了他哥哥的面前。

这面子上的功夫做足了，景帝也不好不原谅他。

窦太后也被这个小儿子气得够呛，梁王在身边好生照顾了几天。

事情似乎就这么收场了，梁王也就这么灰溜溜地回去了。不过，经这一闹，梁王元气大伤，没过多久，就驾鹤西去了。

王美人在擂台上除去了刘彘登基的最后一个敌人。

公元150年，汉景帝立王娡为皇后，刘彘改名为刘彻，立为太子。

花有重开日，人无再少年

我不喜欢漪澜殿外的天空，因为那种颜色蓝得奇怪，即使眼睛能够望到，我也不知道那到底是一种什么样的颜色；我不喜欢漪澜殿外的飞鸟，因为它们总是很孤独，即使眼睛能够看到，我也不知道它们在追逐什么；我不喜欢漪澜殿中的凉亭，因为那些石凳总是那么热闹，而坐上去的人却总是廖少。小的时候，有南宫姐姐，有刘荣哥哥，有母亲，父亲偶尔也会来，而现在，常常只有我一个人。

我常问母亲，父亲为什么不来看望我们，母亲说那是因为父皇还喜欢别的女人，还喜欢别的皇子。我知道她说的是谁。南宫姐姐也曾经和我说，刘荣是要做太子的，到那时我们就都要离开长安了。

那个时候，我常常看到白天衣着光鲜的母亲躲在昏幽静谧的卧房暗暗抽泣，我不知道她为了什么哭，但是我能体会到，她很累、很苦。

我们每个人都有成年的分水岭，童年总有那么一件事情让我们记忆深刻，总有那么一次让身体拖着我们疯狂成长。不管是他是刘彘还是刘彻，他也同样被这种撕裂的疼痛拖着成长。

生命中能够永刻的记忆都带着痛楚。

南　宫

景帝时期是匈奴最为强大的时候，凶悍的匈奴骑兵时常南下进犯，这种没有规律的敌对行为让汉廷大为恼火，并且匈奴骑兵个个强悍，进犯的常规动作基本上都是烧杀抢掠，老百姓不堪其苦，怨声载道。

对待匈奴是战？是和？成为景帝心中的一大忧扰。

先分析一下当时的政治背景。当时汉景帝在政治上的风格是"清静恭俭"。总的来说就是为政少事，安定百姓，善待臣民，勤俭节约。从这几点我们就可以看出景帝的政治性格，他执行的是无为而治的思想，所以在对外战事上，当然是多一事不如少一事。但是我们不能单纯地认为景帝就是一个懦弱的人。景帝时期攻打匈奴，确实不是最佳时机。

不打你，还要稳住你，怎么办？和亲吧。

一旦和亲，难免人财两失。所以，和亲的人当然不能是真正的大汉公主了，这种"假冒伪劣"式的和亲政策，想必大汉和匈奴都知道，都是面子上的事情，只要赢得名声就好了。

大量的财物，牛、羊、金银、绸缎，随着汉廷使节一次次地运往匈奴。

但是，一味姑息并没有换来汉廷想象中的和平。随着汉朝一次次满足匈奴的要求，匈奴人的胃口也越来越大。

这次匈奴人开出的条件令朝廷震惊，其一，匈奴索要的财物价值是整个汉廷三年的财政收入；其二，匈奴要求再派一位和亲的公主，而且，这次他们要一位真正的大汉公主，如果再像以前那样随便派一个宗室女子甚至是宫女，他们就立刻起兵攻打雁门、代郡。

景帝拍案而起："荒唐！"

经过数夜的辗转思虑，景帝日渐消瘦。可想而知，景帝经过了多少次心灵上的挣扎与情感上的崩溃，脱去他的黄袍，他首先是一位父亲，而此时的抉择就是要不要把自己的亲生女儿远嫁到他极度憎恨的匈奴去。

国家大义面前，我们不得不放弃一些自己的东西，何况景帝是一国之君。

这位远嫁匈奴的公主很快就被选出来了，她就是王美人为景帝生的三女儿，南宫公主。

这样的大婚之下，有的只是疼痛，撕心裂肺般的疼痛，而这样的疼痛，年少的刘彻也感同身受。

他顺着皇宫的阶梯一步一步地跑，可他跑不过急促的马蹄。他顺着姐姐远走的方向一声一声地高喊，可是他喊不过大婚的号角。

远嫁匈奴的不仅仅是他的姐姐南宫，还有一并远去的少年刘彻对匈奴残存的良善，徒留在心里的只有对匈奴无尽的仇恨。也许在那时，刘彻的感情上并没有崇高地附上国恨，他倾泻的只是一种简单的亲情。

每夜，他那滴血的心上都会添上新的刀痕，而这些刀痕只是在反复深刻着两个字——匈奴！

刘 荣

大汉江山对于刘荣来说，曾经近在咫尺——转眼便成天涯。这种意义上的失去看起来是如此悲凉。

刘荣因为母亲之过被废了太子，贬为临江王。

故事似乎就这样告一段落了，权力的归属之争似乎也随着这最后的结局而偃旗息鼓了，因为刘荣即使千错万错，但终究是皇子，是皇帝的亲骨肉。

然而，心思缜密的人不会留下一星火苗，也不会留下一根野草。

刘荣的运气好像一直不好。在做了两年临江王之后，他又摊上了另外一件事，而正是这一件可究可不究的事情给了刘荣最后一次重击。

原来刘荣是犯了逾制之罪，他在做临江王的时候，把自己的宫殿扩建到了祖庙之地。这祖庙是什么地方？祖庙是祭祀祖先的地方，这里面供奉的可都是大汉的皇室祖宗。汉高祖刘邦、汉文帝刘恒……都在这里。

你刘荣既然已经不是太子了，那么别说你得罪活人，就是得罪死人也不行。

那么刘荣到底有没有占用祖庙呢？无据可查，你若是拿着尺子，精心测量，你就会发现，刘荣占祖庙之地还是有很大争议的，他玩的是技术高明的手段——擦边球。

我们都知道，在各种比赛中，裁判或多或少地都是能左右一点比赛的，不管是有意还是无意。那么，刘荣打出的既然是擦边球，那么怎么判你就完全在于裁判了。

现在，我们看看这位裁判是谁？

能载入史册的人不简单，而能被司马迁写进《史记·酷吏列传》的人更是不简单。

这位可怕的裁判就是郅都。

郅都何许人也？我们先来看看他的光荣事迹。

当时济南有一个非常猖狂的瞷姓地痞，仗着自己宗族势力大就在当地为非作歹，当地太守对此也十分无奈。

这件事情很快传到了汉景帝耳朵里。

收拾这么一个跳梁小丑，汉景帝有的是办法，于是他就把郅都派去了。

郅都一上任，根本没给这个流氓摆造型的机会，直接就把他灭了。

这表面上是奥特曼打小怪兽，在我看来这就是黑吃黑。

人都说，恶人惹人厌，可是这个郅都在汉景帝面前可是一个红人，因为他是汉景帝的御用黑脸。

作为一个皇帝，免不了要做一些讨人嫌的恶事，但是又不能污浊了自己皇帝的清誉，那么，这一类恶人就有了市场。

你是恶人，那么就一定会有一些相得益彰的"恶事"。

翻翻史书，看看汉景帝时期有哪些恶事。绝人子孙的事情算恶事吧，当年杀尽栗姬朝中亲属的刽子手就是这个郅都。

当时，负责这件事情的原本是卫绾，卫绾又是何许人也？把他的背景说出来，恐怕得费点笔墨。

卫绾是西汉代国大陵人，他的主要活动是在汉景帝时期，历任中郎将、河间王太傅、太子太傅、御史大夫，并做过三年丞相。一看这前缀，一定是个狠角色，但是就是这样一位狠人汉景帝还是觉得太老实，认为让他做这种见血毁名的事情不太合适。

于是，汉景帝就把卫绾叫到跟前说，"卫绾啊，这段时间朝中各项事情让你很劳累，朕打算放你几个月的长假，让你好好休息一下。你放心，只是停薪留职。剩下的事情就让郅都来做吧。"

从这件事上，既可以看出汉景帝对卫绾的爱护，也可以看出汉景帝知人善任。

这个郅都一到任，一点都没辱没"酷吏"这个名称，干净利索地把朝中的这些栗姓亲属杀了个精光。

我们不要忘记，杀人的虽然是郅都，可是派人的却是皇帝。

背着逾制之罪的罪名，刘荣进了京城，哪都没去，直接进了当时的中尉府（主管京师治安的机构）。

刚进去的时候，刘荣颐指气使，尽显皇子姿态。虽然做了临江王，但怎么说也还是皇子。

你一个中尉不给我面子，还能不给我老子面子吗？

但这一次刘荣错了，因为这个中尉就是他父亲钦命的。

到了中尉府，别说茶水伺候，就连温言软语都没有一句。

你可知罪？郅都声色俱厉地大喊一声。

这一声喊，把刘荣身上仅存的一点自尊喊没了。当刘荣得知这个郅都就是当年杀他母家的仇人之后，身上仅存的一点胆气也没了。

这个时候，刘荣感觉自己的气力已尽，于是他向郅都索要纸笔，准备给他老子写封信，一来哭诉自己的委屈；二来向父皇谢罪。

对于一个皇子来说，原本这是多么微不足道的要求，可就连这点要求也被郅都拒绝了。

事情就这么僵持着，最后还是刘荣的老师窦婴出来解了围，暗中派人给他送去了纸笔。

刘荣写完了信就挥泪离开了这个让他有太多痛苦回忆的人世。

说刘荣当时是前太子，说刘荣当时是临江王，其实刘荣当时只不过是个十几岁的孩子。就是这样一个孩子，却在有限的光阴里承受了无休的痛楚。

先是被废了太子，从天上重重地摔到了地上。后来母亲郁郁而亡，朝中母系血亲被赶尽杀绝。如今又身陷囹圄，连给自己父皇写封信都被一个小小的中尉拒绝。天上人间，没有一个可以依靠的人；远处身边，没有一处可以投靠的岸。花开花落，零落成泥；何去何从，委身无处。

到底是刘荣撞在了枪口上？还是远处早已有这么个阴谋对准着他？难道是景帝要置他于死地？

这么理解也可以。

假如你有两个儿子，但是你只有一份食物，你若想让其中一个儿子吃饱，就必须从另一个儿子口里夺食。敢问天下哪个父亲能这么做？

景帝可以！假如你对我的答案心存质疑，不要紧，我们慢慢分析。

从表面上看，刘荣只是一个废太子，况且现在已经被景帝打发到远离长安的地方了，而且母家势力也被消灭殆尽，这样的一人岂不是安全系数甚高，对谁都构成不了威胁？

果真如此吗？

刘荣是前太子，前太子和前妻、前夫可不一样，前妻、前夫还能重新寻求另一半，还能再结婚，再生子，再成为正妻、正夫，过上幸福的生活。

可是这前太子……历数历朝历代的前太子，结局不悲惨的能有几人？

因为太子不是一个简单的尊贵名词，而是一个复杂的利益名词。前太子虽然是前任，可毕竟当过太子，那么在他身边就无形地牵扯着一个庞大的利益集团。

前面我们已经说过，朝中大臣是干什么的？是揣摩皇帝心思的。那么你作为一个臣子，能只揣摩皇帝成年时候的事情吗？这皇帝小时候的脾性也得摸清楚啊，这样才能立于不败之地。

所以，当一个皇子被立为太子的时候，你若盛开，清风自来，身边就会围拢过来一些臣子，他们的目的很简单：低价买进，高价卖出。这种只赚不赔的买卖，来者当然趋之若鹜。

任何投资都有赔本的可能，许多人被眼前的风光蒙蔽，万万没有料到，太子也有被废的一天。

面对这突如其来的失败，有些人是放弃挣扎自认倒霉；有些人则处心积虑，以图东山再起——想方设法挽回败局。

于是，矛盾出来了，危险显露了。一个废太子领着一群臣子嚷着要夺回原本属于他们的东西。

况且，刘荣现在还小，对深仇大恨理解得还不透彻，等哪天他临江王做腻了，醒过神来：好啊！我父亲、我兄弟合伙儿欺负我的母亲，这父子情、兄弟义我可顾及不得，反了他的。

兄弟反目的事不是没见过，心有余悸的七王之乱和梁王的储位之争，景帝是怎么也忘不掉的，他深刻地认识到，有时候亲情在权力面前是多么的渺小。

景帝做了这么多，为了什么？为了谁？

仅仅是为了大汉江山的稳固，为了当今太子刘彻——刘彻才是这一系列事件的根源。

我们能说这是汉景帝的残忍吗？不能。我们只能说正是汉景帝这种残忍成全了历史的那种仁慈。因为这样，他才能尽力肃清对当今太子的威胁，他才能把一个相对清明的大汉江山交给下一个继承人。

这一切就这么不可逆转地发生了，但是年幼的刘彻根本读不懂其中的真意，他有的只是悲伤。

王美人眼中的刘荣或许是前进中一个坚固的障碍；而在刘彻眼中，刘荣只是他的一个哥哥。至少在刘彻还是刘彘的时候，刘荣只是他的哥哥，他的玩伴——陪他闯祸，陪他挨骂。

他的南宫姐姐走了，他的刘荣哥哥死了，刘彻虽然还没有成年，但他的童年似乎随着这两个远去的玩伴，也渐渐走远了。

花有重开日，人无再少年。

历史原来这么有趣·汉朝卷——汉武大帝刘彻

第三章 汉朝，我来了

开颅手术

随着景帝的逝世，刘彻坐上了那把高高在上的龙椅，万无一失地握住了威加海内的权杖。

从七岁成为太子，到十六岁登上帝位，刘彻在预备阶段学了九年本领。

九年的预备训练使刘彻明白，自己是一支箭，若要它坚韧，若要它锋利，若要它百发百中，磨砺它、拯救它的都只能是自己。

很多事情即将发生，很多人的命运即将改变。

当年的刘彻从朝堂之下瞻仰过父亲的威严，刚才还近在眼前的眉目，一旦踏上这个舞台，立刻变得遥不可及。

这一段遥不可及的路，刘彻走了九年。

大汉王朝年轻的新皇帝，正襟危坐于御座之上，在这样的角度放眼满朝文武，留在刘彻眼里的，不过是几张生硬的面孔和一堆拗口的名字。

昨天大家还萍水相逢，今天就让我和你交心？

张三，你去管朕的钱。李四，你去管朕的兵。这可能吗？

不行，得放血。

放血、换血你也需要和大脑商量吧，否则的话，大脑不认你换来的这个血型岂不受罪。刘彻倒是省了这麻烦，直接把大脑换了。

开颅！动手术！

于是，大汉朝迎来了一次人事大变动。

35

前面已经说过，周亚夫被景帝硬生生压下去了，"太平本是将军定，不许将军见太平。"这是周亚夫的悲剧，却也是景帝的不得已。景帝想管的毕竟是他死后的事情，然而人世间的事情，他是再也管不了了。怎么办？那就委托一个自己信得过的人来代为监管——现今丞相卫绾。

当今皇帝是他的学生，故去先帝对他又非常信任，看来这个卫绾是位极人臣，备受皇帝宠信啊。

令人意想不到的是，就是这个卫绾，却成为了第一个躺上手术台的人。当然他不是被押解着上去的，而是自己躺上去的。放下锦绣前程，在这个时候告病辞职，也算是急流勇退了。

卫绾的为人如何，前述我们已经多有了解，他虽身居丞相，但在外界看来却就是一根毫无作为的通气管，能做的只是上传下达。然而仅凭这一点不值一提的本事就做到了丞相之位，这足以说明卫绾的能力。但是眼见不一定为真，事实果然是这样的吗？这个问题先搁置。

你能说卫绾这官做得失败吗？人家全身而退，并且寿终正寝。

作为一个丞相、一个开朝元老，能够功成身退、自然死亡，这难道不是最大的胜利吗？做官为了什么？做官的原则是什么？抛开少数心系天下的仁人志士，剩下的无非是赚最多的钱，惹最少的祸。

我们来了解一下汉朝当时的官僚机构，以免一大帮人站在那儿，让你误以为是哪个年纪大就哪个官大。下面以列表的方式介绍，虽然枯涩，但一目了然。

汉代的官职制度是三公九卿制。

三公

丞相——居百官之首，工资福利最高，和皇帝关系最亲近，帮助皇帝处理国家政务，爱好开会，有选取国家公职人员的权力，有弹劾百官和执行诛罚的权力，凡有重要的政事以及财政等方面的大事都必须和丞相讨论。

太尉——全国最高的军事统帅，又称大司马、太傅、大将军。太尉是朝中仅次于丞相的官职，但是地位和丞相相同，所以，太尉和丞相吵架是正常的事。他是最高的武官职位。

御史大夫——又称大司空、太保，主要行使副丞相的职权，也就相当于丞相秘书，不同于现代意义秘书的是他可以对包括丞相在内的百官公卿的一切行政活动进行监察。

只有"三公"这个方阵里的人才有资格触碰到国家真正意义上的最高机密。

九卿

奉常——掌管国家的礼仪

光禄勋（郎中令）——主管宫廷内的警卫事务，但是实际的权力不只于此

中大夫——掌管皇帝的警卫

太仆——掌管皇帝的车马

廷尉——掌管国家的监狱

大鸿胪——掌管国家的外交

宗正——监督皇帝的亲属

大司农——掌管国家的财政和农业

少府——管理皇帝的个人小金库

下面即将登场的人物，大家可以对照此表来看此人的直接影响力，如果在此表中找不到，那么这个人确实不在权力的第一阵营中，但是这并不能表明这个人的贡献和影响就比别人小。

从上面可以看出，丞相是封建官僚机构中的最高官职。汉代丞相一般也只是让那些元老级的人物来担任。但是看戏不能只看上午戏而不看下午戏。

这些风光无限的开朝元老能善始的大有人在，而能善终的却是屈指可数。

下面让我们来分析一下这种看似奇怪实则不足为奇的现象。

首先，每个人的成长过程都会留下一些不愿记忆起，更不想让更多人知道的东西，这些东西可以成为秘密深埋心底，只要能使另几张嘴保持缄默。皇帝亦然。

这些元老级人物对皇帝的成长往往非常了解，甚至直接或间接地参与了皇帝的发家史。而这一过程就成就了另一本书——《皇帝是怎样炼成的》。

等哪天这些元老权力大了，手头阔了，或爱发牢骚了，大脑不灵光了，难免会搬出来再读读，甚至还念给旁人听，添油加醋，断章取义。

再者，单枪匹马的开朝元老我是没见过。老臣偏爱倚老卖老，一旦皇帝做出了一个比较新的决定，立刻有一个颇具威望的老臣跪地大呼：圣上三思啊！

紧接着身后一大片朝臣望风而倒，圣上三思啊。呼声不绝。

这种情形，那是逼皇帝不得不就范啊！

每个开朝元老的身后都跟着一副精良的权力武装。在大朝廷上，这支武装听皇帝的；可在小朝廷上，这支武装听元老的。

最后，人们常说，相爱容易相处难。这"爱"在情侣间的是小爱，在君臣间的则是心系天下的大爱——但是这大爱最终还是被皇帝个人的小爱影响。唯有距离产生美，由于开朝元老和皇帝之间太过亲密，缺乏距离感，皇帝看到的也便是他们越来越多的缺点和瑕疵。起初是瑕不掩瑜，然后瑕瑜互见，最后就是体无完肤了。

很多功臣的悲惨结局源于他们并没有意识到皇帝的"帝王心态"。他们期望的是论功行赏、封妻荫子、永享富贵，更有甚者居功自傲、拥兵自重，自以为是地干扰君主的那些深思熟虑的决定。

这些人渐渐地就成了皇帝的眼中钉，肉中刺，喉中鲠，直到身首异处，还在睁着眼睛做着醒不来的梦。

有些功臣就摸透了皇帝的这套心理，天天想着的只是迎合皇帝的心思，投其所好，博取君主欢心。这帮原本满嘴仁义道德的为官者逐渐成为皇帝身边的奸佞之臣。

这些皇帝的阱中蜜，水中鸩，酒中毒，最后的结局也多是死于非命，即使不死于非命，也会在汗青史卷之上留下一个比死亡更糟糕的千古骂名。

在上面两种心态中，卫绾中庸地选取了中间之路——非常识趣地辞职不干了。

于是卫绾就这样在风起云涌时果断地退出了江湖，避开了即将到来的狂风巨浪。这也是刘彻为他的恩师精心挑选的功名尽收的最好去处。

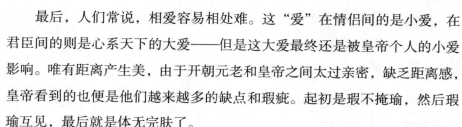

历史原来这么有趣·汉朝卷——汉武大帝刘彻

右　脑

刘彻很快就组建了一个新中枢：丞相魏其侯窦婴，太尉武安侯田蚡。这一老一少组成了大汉新一届内阁。

看来，刘彻对他的亲戚还是非常重视的：这窦婴是太皇太后（窦太后）的侄子；这田蚡是王太后（王美人）同母异父的弟弟，也就是刘彻的舅舅。

其实，这个老少组合并不能说明刘彻对自己的亲戚足够重视，能说明的只是当时的大汉朝实无可用之才。

打开大汉的丞相花名册，在刘邦时代，可以说丞相之位人才济济，但是到了景帝时期，能拿得出手的就少之又少了，景帝时期一共有四位丞相，没有一位是凭借真正的能力而取得相位的。

所以，到了武帝时期，西汉政府的闲置官位越来越多，能上场替补的官员也越来越少。

这和汉朝开国以来的政治环境是密不可分的。

高祖刘邦在最为得意的几年里就做了两件事——造反和平叛，待到时局比较太平的时候，他又迷恋酒色了，况且还遇到了吕后这样的悍妻。

所以，教育要从娃娃抓起的的大政方针就被刘邦搁浅了，这一搁浅就误了时代，接不上了。

到了景帝这一代的时候，本来学会重视此事了，没想到又遇上七国之乱，忙得不可开交。

所以，刘彻拿到手的只是一个金玉其外的大汉王朝，当他剥开金光灿灿的外皮时，他才知道，这个王朝的果肉部分已经开始腐烂变味了。

正是在这样的政治大环境下，刘彻鹤立鸡群，满眼见到的都是平庸之人，也就不用刻意挑选了，随了祖母和母亲的心思，还能做个顺水人情。

病急乱投医，幸运的是，这"医生"还是有些能力的。下面，我们来看看窦婴这个人。

窦婴可不是一个动不动就把"哥们朝中有人"挂在嘴边的人，相比于其他外戚，窦婴是一个分寸拿捏颇为得当的人。他能走到今天这个位置，依靠的也不仅仅是窦太后这棵大树，否则的话，他又怎么敢冒犯窦太后？

窦婴曾经在一场温馨祥和的家宴中投了一颗炸弹，结果就搅黄了他姑姑窦太后想让小儿子当储君的心思。

景帝的一句兴起之话——"千秋之后，传位梁王"。老太太还没来得及高兴，窦婴就马上出来圆场：陛下醉了，陛下醉了。

正是这句不识时务的话，差点让窦婴丢了官职。到了后来的七王之乱，景帝也当真是慌了手脚，于是不得不请窦婴出山。

窦婴还是有脾气的，前脚刚被太后一个懿旨赶出长安，后脚就跟着一道圣谕任命出征，感到颜面无光，不去。由此看来，窦婴还是有几分性子的。

景帝一番劝说，窦婴终于勉强出征。

景帝大悦，立马赏给窦婴一千金，窦婴是怎么做的？他可没有领旨谢恩，这一千金，窦婴碰都没碰，全部捐来用作平叛藩王的军费。《史记》中记载："金无入家者。"这种对金钱漠然的态度，可见窦婴的确不是一个贪财之人，或者他远不止是一个贪财之人。

窦婴平叛立功，于是景帝就又给了他一个好差事：做当时太子刘荣的老师。无奈他碰上了一个不争气的孩子，没过多久，刘荣就被废了。这下窦婴又坐不住了，急忙为自己的学生出头。

结果当然是无功而返。窦婴又要起小脾气，抱病甩手不干了，直接躲进了南山，这一去就是几个月。

后来起起落落，窦婴是被废了又被起用，起用了又被废，跌跌撞撞地终于等到了武帝时当了丞相。

"佛"者，弗人也。为人耐得住性子，经得起此岸到彼岸之间来来回回曲折的历程。这也算是"吃得苦中苦，方为人上人"了。

由此可见，窦婴确是权臣中少有的血性之士，明智中带点狡黠，狡黠中带点耿直。

俗话说，性格决定命运，窦婴无疑给晦涩、生冷的权力氛围增添了几分灵动，但是灵动就意味着变动，变动就意味着不稳定，不稳定就意味着你的脑袋随时可能落地。

后面的路，我们只能祝福这个有几分性格的老人一路走好。

左　脑

右脑的机能我们是所了解了，下面我们再看看左脑——田蚡。

你可别小看了这左右之分，差之毫厘，谬以千里。

在长期的社会实践和历史繁衍中，汉文化渐渐形成了"右尊左卑"的文化积淀。《礼记·王制》记载："殷人学国老于右学，学庶老于左学。"郑玄注："右学为大学，在王城西郊；左学为小学，在城内王宫之东。"

"右尊左卑"早有来头。可这当今皇太后的弟弟，当今皇帝的舅舅怎么就甘愿当这左脑了呢？

田蚡可以说是一个较为优秀的操盘手，在成功让姐姐王娡上位之后，又成功运作自己，使其官位一路高升。

大家都知道，王美人的心机和策略是出了名的，正是因为如此，我们今天的主人公刘彻才有机会在历史上露脸。

那么我们不禁纳闷，这个女人莫非是狐妖化身？美貌和心机成正比的也多半是妖。可王美人不是妖魔，顶多算一个比较有智慧的美女，她的身后，还站着这么一个神秘的人，正是这个人，在诸多关键之处及时点悟了这位野心勃勃的美人。

这个人就是王美人同母异父的弟弟——田蚡。

我们都知道王美人的母亲是那个臧儿，就是这个女人，在两个男人身上都有所收获，这两个收获也就是今天的王美人和田蚡。

也就是这对姐弟组合，悄无声息地帮助刘彻夺下了大汉的江山。

姐姐如今成了皇太后，卫绾又被免了相位，风水轮流转，怎么也该转到我头上了吧。

正当田蚡头脑狂热，想当丞相的时候，一个门客给他泼了一盆冷水。

这朝中的职位是论资排辈的，光凭这条，你就比不上魏其侯窦婴了。再说，你也是刚出道，怎么说也算是新人，新人就必须拿出自己的谦逊。

而且窦婴还代表着窦太后，窦太后虽然老了，但在朝中的分量无人能比。窦婴如果当了丞相，那您必定就是太尉，这也不算是亏待您，况且还能博得太皇太后的赏识，何乐而不为呢？

田蚡一番思量，头脑渐渐冷静下来，长叹一口气，便出门上了马车。来到王太后面前，把刚才门客的想法揉进了自己的话里，向姐姐这么一说。王太后心领神会地点了点头，有意无意地把这种想法透露给了刘彻。

看来，窦婴能当丞相，田蚡也帮了不少忙。

这样一来，窦田组合似乎是比较完美了，但历史又一次告诉我们基于算计之上的同盟是长久不了的。

史上最有名的书呆子

酒瓶子已经换成新的了，现在就差把酒倒进去了。

那么是倒进新酒呢，还是倒进旧酒？

汉初以来，各代皇帝多推崇黄老学说，清静无为，自然而然，就连当时的窦太后也是黄老之术的忠实拥趸。

而当初景帝给刘彻找的老师卫绾却是儒家这口改良新酿之后的酒。这可是气坏了这位老太太，立刻就给刘彻又找了一个主张黄老学说的老师。

可怜的小刘彻，小小的脑袋在两种思想激烈地对峙下不停地换算，根本停不下来。我们都知道，一台电脑如果用两种互相冲突的程序运作，会导致系统瘫痪。现在刘彻的这颗脑袋就是这样一台电脑。

待机、冷静、旁观之后，刘彻似乎找到了答案。

汉武帝建元元年，即公元前 140 年，这是刘彻当皇帝的第一个年头。年仅十六岁的少年天子屏气凝神地颁发了一道圣旨，举孝廉，策贤良。通俗讲，这就和我们今天选拔公务员的考试是一个道理，不过好在汉朝初期，吏治比较清廉，规则也还公平，面向的群体是广大汉朝子民。

这次选拔考试的主题是"治国方略"。

他需要人才，需要智慧，需要新酒。

这场看似公平的选拔，其实天平的指针早就在刘彻无形的施压之下偏向了一边。选拔开始前，他就牵住了评委们的鼻子，用一种近似模棱两可的语气，说了一句，尊儒术的还可以留着再看，主张黄老学说的你们就看着办……

机会是留给有准备的人的。这句话在众多逆袭的咸鱼身上看起来总是那么地绝对！

一个书生，十年寒窗无人问，这会儿，马上就要一举成名天下知了。

这次选拔范围很广，一时间，多少胸怀抱负的年轻人都跃跃欲试。

满腹经纶的学究开始搭构自己的宏图伟略了；金粉世家的纨绔子弟们开始寻思用钱砸开一道门了；穷得只剩下学问的读书人也四处借盘缠打点行李进长安了。

这个时候，有位书生四十岁了，是名副其实的高龄考生。幸运的是，当时朝廷胸襟开阔，不搞年龄歧视。

按说，三十而立，四十不惑，四十岁应该是不再有什么顾虑和疑惑的了。但是这个穷书生却是越活越不明白，在他的心中充满了问号和解开问号的勇气。

他在参加选拔之前，已经是当时的博士了，这个博士当然和我们今天所说的博士概念不同，唯一相同的地方就是——学问都很深厚。

这个博士其实是个官职，但它主要负责的不是学术研究，而是学术顾问。有资格当老师，也可以做皇帝的活辞典，用自己渊博的知识为皇帝解答疑问。

文帝时期"宣室求贤访逐臣，贾生才调更无伦"中的贾谊也是博士出身，看看文帝都向他问些什么问题——"可怜夜半虚前席，不问苍生问鬼神"。文帝在一次祭祀之后召见被贬的贾谊，不提社稷苍生，问的都是鬼神祭祀之事，贾谊侃侃而谈，文帝听得入迷，竟不自觉地把身体渐渐挪近贾谊。

由此可见，博士是知识渊博，能说会道，能为皇帝解疑答难的才子。另外，汉初的思想是"天地不仁，以万物为刍狗；圣人不仁，以百姓为刍狗"的黄老思想，大意是天地无所谓仁与不仁，它看待万物就像是对待祭祀时用草扎的狗一样（祭祀一结束，就烧了它，或扔下它不管）；圣人也一样，对待百姓不偏爱，也不责难，任其自然。所以文帝根本不关心怎样统治天下黎民，贾谊赍志而殁也只能恨生不逢时了。

而贾谊等的这个"时"，终究让同为博士的这位书生赶上了。时势造英雄，终究是颠扑不破的真理。

起初，他做了十多年的博士，一直默默无闻，没有多大的造诣。在黄老学说盛气凌人的压迫之下，他也只能韬光养晦。在大树底下，他想起了孔子杏坛讲学，于是也开始招生讲课，主讲《春秋》。

他这个老师当得是非常称职的。《汉书》这样描述："下帷讲诵，弟子传以久次相受业，或莫见其面。盖三年不窥园，其精如此。进退容止，非礼不行，学士皆师尊之。"

大体上就是说他学问精进，上课严谨认真，而对礼法又是非常地重视。房间里挂下帷幕，他坐在帷幕后面讲课，以至于有的学生学到毕业也不知道他长什么模样。

一切都是最好的安排！正因为他的走投无路，才使他开坛授课；而正因为他的开坛授课，才为汉朝储备了一大批可用的儒学之才。

万事俱备，只欠东风。

这个时候刘彻的选拔考试"治国方略"吹进了他的耳朵里。他兴冲冲地收拾好一切，如坐春风，夜不能寐，他仿佛已经预感到人生的转折、历史的转折就在眼前了，天一亮，就看得见了。

天一亮，他就踏上了选拔报名的征程。

经过层层筛选，最后只剩下百来人参加对策，也就是皇帝把问题写在竹简上（这叫策问），让应试者回答（这叫对策）。刘彻连问三策，这个书生连答三章，对答如流，于是一篇惊世骇俗的《举贤良对策》横空出世了，同时一个名不见经传的名字如同一声春雷响遍了大江南北——董仲舒。

《举贤良对策》着重讲了天人感应的问题，非常合乎刘彻的胃口，这也就为历史的下一个脚印积蓄了足够的力量。

到了此时，历史的一个岔路口展现人们眼前：一边是感性为着董仲舒的扬眉吐气而激动，又仿佛在一面镜子里看到了不久之后的自己而唏嘘不已；一边是理性为着中国历史的何去何从而忧心，董仲舒为儒学取得正统地位究竟是历史的幸运呢？还是历史的悲哀？

历史就是拿来分析的，不怕人们说三道四。

"罢黜百家，独尊儒术！"汉武帝风风火火地开展了这个在心里想了千百遍，最后还是借一张儒生的嘴说出来的运动。

对于这条政策，如今有不少人从文化繁荣的起点出发，与当时的那些旁门左道从自身存在的出发点考虑，殊途而同归，同样耿耿于怀，也因此对董仲舒心存芥蒂。因为董仲舒的建议，使华夏文化从百花齐放变成了一枝独秀。

但这是董仲舒的错吗？一个儒生，他左右得了时局？况且这句话是他说的吗？据班固《汉书·董仲舒传》和《汉书·武帝赞纪》记载，董仲舒的原话意思是"推明孔氏，抑黜百家"和"罢黜百家，表彰六经"，所以绝对没有你死我活的意思。充其量也只是做不到全面发展，那就保证单门独进。

所以幕后主导这次大手笔的必是高人。

那这人是谁？

是汉武帝刘彻？对于刘彻和太皇太后之间剑拔弩张的局势，明眼人一目了然。

当初少年刘彻学习儒学，太皇太后就指手画脚，黄老之道是老祖宗推崇的思想，不让刘彻学老祖宗的东西，偏要学一些其他的，像什么话？

从这句话可以看出三层意思。

第一，太皇太后担心刘彻的学习方向。

第二，太皇太后推崇黄老之道。

第三，老祖宗推崇黄老之道。

我们还必须要清楚一件事情就是，刘彻和太皇太后当时的关系并不和睦。

太皇太后在刘彻眼中虽然是血亲长辈，虽然现在当皇帝的是刘彻，但实际上，此时大汉的核心权力仍旧在太皇太后手里。

而太皇太后及老祖宗的思想是黄老之学，根深蒂固。不是说要瓦解一个民族首先要瓦解它的文化吗？瓦解一个根深蒂固的势力也是同样的道理。

即使刘彻聪明，但他当时毕竟只有十六七岁，也就是一个学生。你说他有能力去研究这些高深的思想问题吗？有能力去搭建一个支持各种流派思想斗争的舞台吗？不管你信不信，反正我不信。

说到这儿我们就该想起刘彻的第一次大手笔开颅手术。这当然也是他背后的智囊所策划。他是谁？

大家再想想第一个走上手术台的是谁？

对！卫绾！刘彻的老师、汉武帝的第一个丞相。所谓一日为师，终身为父，而且他是儒学的坚定支持者，也是给刘彻讲儒学的第一人，后来又做了他的丞相，成为他的决策执行者。

但是因为他实在可恶，可恶在不招太皇太后喜欢。一边用儒家思想"污染"年幼刘彻的灵魂，一边在皇帝耳边危言耸听制造一些不太平的言论。

所以太皇太后很生气，但是苦于没有真凭实据，杀不得头，怎么办，随便找个理由，就说"为官不作为"就把他的丞相职位给撤了。

这真是，你做事也不对，不做事也不对。但如果做了事，那就要像后来的赵绾、王臧一样被判个死刑，自尽在狱中了；不做事顶多被免职。

不做出头鸟，深藏功与名。这就是卫绾一生恪守的箴言。生活就这样平平淡淡，连死后也悄无声息。

不过当初武帝刚上台时，他一反常态（然自初宦至相，终无可言），大着胆子上了一奏，请求罢黜"申商韩苏张"。这也见他并非没有政治见识，为何在武帝登基时才开口说话？这里面有故事啊。然而，胳膊拧不过大腿，刘彻根本实行不了。

而这回他又找到一个托儿，那就是董仲舒。于是"罢黜百家，独尊儒术"便在董仲舒这顶帽子下运作起来。而他自己依然心甘情愿地蹲在历史的角落。

再说刘彻，独尊儒术也是一个必然的选择。

历史原来这么有趣·汉朝卷——汉武大帝刘彻

首先，刘彻不是庸碌之辈，他可不甘心自己的名字埋没在浩如烟海的历史长河中。看他的谥号"武"，克定祸乱曰武。事实上，他在位五十四年，北击匈奴、东并朝鲜、南诛百越、西越葱岭、征服大宛，你说这样一个人，他怎么会喜欢黄老的清静无为呢？

再者作为帝王难免有帝王心态。眼看当今天下富裕，刘彻自然想让自己威震四方，而儒家思想这时候恰恰给刘彻递过去了一把保护伞，君主不能从道德和法律上被侵犯，这样就使他摆脱了一切制度性的束缚。而撑伞的又有一个现成的人——大才子董仲舒。选择儒家，水到渠成。

看到这里，读者可能会怀疑这个儒家思想的纯洁性了，刘彻的儒家思想当真就是真正意义上的儒家思想吗？

当然不是。刘彻当时的思想虽然叫儒术，其实是儒法结合的一个具有武帝特色的思想。他把法家思想灌输其中，形成了"外儒内法"的曲调，双管齐下。正如《汉书·元帝纪》中汉宣帝所言，"汉家自有制度，本以霸王道杂之。"

儒家育人，法家驭人。这就出现一个奇怪的现象，儒学思想先前被统治者塑造成一个温文尔雅的仁者，后来又被统治阶级改造成既得利益的御用打手。

最后，倘若用黄老之术，中央对地方控制力将会越来越弱，经济和军事控制更无从谈起，七王之乱近在眼前，黄老之道确实濒临破产。

董仲舒的这项"对策"，经刘彻采纳后，立刻就成为神圣的"国策"和有效的"良方"。大汉的车辙在这个年轻皇帝的手中大大地拐了一个弯。瞬时而起的是儒家思想一统天下的时代。

决定都带有伤害性，不是伤了自己，就是害了别人。

儒家思想大一统之后，人们的思想大部分都来自于孔夫子的影响。我们居家做饭时不时地都得换换口味，何况是人们的精神食粮，所以，长此以往，人们的食欲必然减退，人们也总是在"自我"和"美德"的撕扯中挣扎，然后一对照心中的信仰就立刻放弃了"自我"。

董仲舒其人确实不简单，但是刘彻却没有重用他，董仲舒在跟着刘彻花车游行完毕之后，就被打发到哥哥胶西王刘端那里去做国相了——为什么？这牵扯到另一个人，这个人将会在第六章登场。这是大部分真正书生的共同命运，对于董仲舒来说未必就不是一件好事。

董仲舒一度让人们奉为圣人，一度又有人将他拉下神坛。既承担了儒学传播之父，又担起了阻碍进步的恶名，其实这又有什么关系，千秋功过后人评说，再正常不过了。

海市蜃楼

刘彻是勇敢的，因为他敢于在开朝初期就拉面旗子和太皇太后对着干。大汉朝最有权力的祖孙二人即将上演一出宫廷大戏。

太皇太后毕竟比刘彻多活了两辈子，走过的桥比他走过的路都长，这桥也不是白走的，一些老臣絮絮叨叨在太皇太后跟前说皇帝过错的时候，老人家发话了，先让他折腾，看看他到底能折腾出个什么样子来。

这一句看似轻松的话其实也是一句最严重的警告。这句话，刘彻当然没有听到。

刘彻确实准备捋起袖子大干一场了。

朝堂之上，刘彻俯视着脚下的群臣，这些臣子的卑微把这个少主的尊贵衬托得膨胀发亮，刘彻的自尊心得到前所未有的满足。

怪不得谁都想当皇帝，童年刘彻还不理解的那些事情此刻都摘下了模糊的面具，脉络清晰地呈现在了眼前。

叔叔刘武为什么会和父亲有矛盾？母亲为什么时不时地就往姑姑那里跑？哥哥刘荣为什么会死……这一切疑问堆积成高山，瞬时轰然倒塌了。

过去的事就让它过去吧，死去的人就随他死去吧，那些旧事旧人就让我用光芒万丈的权力尘封吧！

现在，我，只有我，才是这个国家真正的主人！

滚烫炽热的权力与尊荣渗入血液中，刘彻的情感沸腾了。

今天我就要用手中的权力来彰显自己的不同！

列侯就国

当时的长安城里，可谓是贵族云集，比较常见的就是封国的诸侯们。没准儿谁就能和皇家攀上亲戚。

"我朝中有人！"这句话更是成了君子动口不动手便能达到让对方退一万步效果的高效率、高频率的警告语。

这些贵族，吃的、住的一点都不比皇上差。

刘彻对此深恶痛绝，正所谓，眼不见为净，既然不能叫你消失，那就让你滚远点，不要在我眼皮子底下嚣张。挥笔就是一道诏书，"列侯就国"。这"就国"就是回到自己的封地上去，该去哪去哪。

按理说，这不是什么过分的要求。汉代封侯的时候，把一个县分给某人，某人的名号就是县名＋侯。而你就是这个县的一县之长，县中大大小小的事情都归你管。你说你一个县长，一年到头不管理自己的地方，整天待在长安城里干什么？

但是这些个贵族可不认这个理儿。其实这不难理解，也算是人之常情。

不到长安不知道钱少，不到长安不知道官小。

这些诸侯权贵们早就把自己的仕途计划扎根在长安了，然而这下要挪窝了，自己的那份蓝图岂不成了废纸一张！这赔本儿的买卖谁干？

自由往来（出关）

"一夫当关，万夫莫开"的函谷关大家应该都不会陌生，这个关口是我国历史上建置最早的雄关要塞之一，因其在谷中，深险如函，所以称函谷关。这里几度成为是战马嘶鸣的血腥战场。

秦朝当时为了保卫首都咸阳的安全，就在此关口设了禁令，没有通关文牒，你进不了关，也出不了关。西游记里唐僧一行就拿着这个通关文牒，见到国王就让给盖个章，有章你就合法了，没章就是"偷渡"。这个规矩在汉朝也适用。

因为这个规矩，西汉初年在精神上才没有饿死，也算为中华文化留下了一件瑰宝。

当年，一个老头骑着一头青牛，满脸悲哀地要想出这函谷关远走他乡。但是这位老人因为犯了渎职罪，没敢去领通关文牒。当时的关令是一个叫尹喜的人，这人也不得不说是一个有远见的人。他见老头没通关文牒，就开了个条件："子将隐矣，强为我著书。"也就是说，您就要归隐了，再也没机会向您学习了，麻烦您为我写本书吧。老头拗不过，也想尽快出关，于是写出上下两篇，总共五千字，取名《道德经》。这个老头就是老子，书写成之后，骑上青牛出关悠然而去……

贼也防了，书也留了，精神食粮也有了，函谷关的禁令也算起到作用了。

时代变了，刘彻登上了历史舞台了，为了彰显汉朝的太平，他下令解禁。从此往来的人们可以自由出入函谷关。

打报告（检举）

被报告的对象就是宗室、宗亲，也就是那些和皇室有关系的人。说白了，就是让大家监督刘、窦两家中违法乱纪的人。这样做的目的也是为了维护统治的稳定。

建明堂

说起这"明堂"来，不只你不知道，刘彻他也不知道，我们现在用于表示疑问的"搞什么名堂"中的"名堂"就是出自"明堂"。

刘彻虽然年轻，但也是个好大喜功的皇帝，一心想学古时候帝王的样子，开创一番事业，流芳百世。建明堂也是为了效仿古人，彰显自己的尊贵，但是这满朝文武没有一个人能说得出这"明堂"到底该怎么建，一拖再拖，终于这件事被搁置了，没人再提一下。

以上有几项条款无疑是把那些既得利益者的蛋糕大卸八块。

分权力这块蛋糕，分多了的人自然尽情享受，分少了的人难免有不愉快，他们难免想找个人评一下理。

但找谁说理去呢？

朝中除了皇帝谁说话最算数？或者朝中包括皇帝谁说话最算数？不用

想都知道，这个人就是如今的太皇太后——窦氏。

于是这些打着"窦"姓旗号的后生晚辈们大摇大摆地进宫去找太皇太后去说理了。

对于这些亲戚们，太皇太后倒也回答得爽快，等等吧，再看看。

刘彻新政的第一步计划似乎得到了太皇太后的默许，前方看起来是前程万里。

但是，有时候，在万丈深渊里往下掉，也会有前程万里的感觉。

这场改革中，刘彻重用了两个人，一个是御史大夫赵绾，另一个是光禄勋，也就是郎中令王臧，这两个人堪称是刘彻在这场改革中的左膀右臂。不用说，这两个人也是地地道道的儒学派，正是这两个人充当了刘彻起跑的发令枪。一道道直指权贵特权的御令也都是这两个人下发的。

事实证明，跑得最快的，往往死得也最快。

改革在热闹地进行着，刘彻似乎也顾不得许多，直到有一天，御史大夫赵绾对刘彻说，近些天来，到太皇太后那里告状的窦氏族人太多了，太皇太后恐怕也快坐不住了，今后朝中大事是不是不用再向东宫汇报了。

这又何尝不是刘彻心中所想啊，刘彻当然想成为名副其实的大汉天子。

这句话不仅点燃了刘彻的激情，同时也点燃了太皇太后的愤怒。

这件事本来天知地知，你知我知，待到朝堂一议，料定文武百官也不敢不同意。

没有实现的东西，我们管它叫——白日梦。

刘彻、赵绾他们低估了太皇太后，她在朝中几十年的积淀是不能随意忽视的，消息很快就传到了太皇太后的耳朵里。

太皇太后本来是想让她这个少不更事的孙子试试水，可没想到，这个刘彻还真能在水里扑腾几圈，真能把水里这些个小鱼、虾米扑腾得着慌。小鱼、虾米着慌倒也罢了，现在就连她这座龙王庙也敢来试着捅一捅了，简直无法无天！

太皇太后是什么人？是历经三朝的老人啊。别说你刘彻，就连你父亲都十分孝顺我。我随着大汉走了几十年，这大汉就是我的家。你刘彻虽然贵为皇帝，但也不过是我的一个小孙子，现在倒好，你翅膀硬了，想把我扫地出门？

老虎不发威，你当我是病猫？

在建元新政实行的当口，太皇太后开始了她的反击。

赵绾、王臧不是要拿掉东宫的话语权吗？那好，先看看你还能不能站住脚。于是，太皇太后命人暗中搜集证据来抓赵绾和王臧的把柄。

人是招架不住没事找事的，何况找事的还是当今太皇太后。于是，两人数年前的丁点过错一经太皇太后渲染，往刘彻面前一放，刘彻被逼无奈，只得把这两个爱臣投入大牢。

把他们投入大牢就完事了吗？太皇太后的愤怒还没发泄完呢。当初提拔他俩的不就是你丞相窦婴和太尉田蚡吗？

窦婴是她窦家的人，要治他的重罪太皇太后当然也舍不得；田蚡虽然不足挂齿，但他背后站的是皇太后王娡，自然也不能轻易去惹。所以，能开刀的就只有赵绾和王臧了。

杀掉这两个人，刘彻一百个不愿意，但太皇太后的压迫一天比一天紧。赵绾和王臧知道自己在劫难逃，为了不让皇帝为难，这两位刘彻建元新政最有力的推动者在狱中自杀了。

丞相窦婴和太尉田蚡虽然死罪可免，但活罪难逃，一并免职。

建元二年，新政彻底夭折了。

刘彻立志把心中的蓝图建成一个壮阔的帝国版图，但无奈的是，这一切的一切最终化成了一座华美的海市蜃楼，遥远而飘缈。

建元新政究竟是年少刘彻的私欲膨胀呢，还是当时国家确有需要？这一个问题也随着海市蜃楼的消失而淡去。

一时间的自由不过是刘彻自以为的自由罢了，就像一只飞在天上的风筝，乍一看无拘无束，但仔细一瞧，高高在上的它被一根细长的绳线牢牢地拽着。绳线虽细，但却是实实在在地牵扯。绳线一断，它也只有义无反顾地下坠。

何况在刘彻背后，摆弄着这根绳线的又何止一人。这个大汉国年轻的新皇帝大大低估了这些根深蒂固的牵绊。刘彻从登上皇位的那一天起，他继承的就不仅仅是一方水土一片天，他继承的还有权钱交错的脉络，举棋不定的犹豫，收放不得的外戚，永不安宁的边塞，新人的唠叨，乃至旧人的叮嘱……这一切的一切都在毫无顾忌地鄙视着这个年轻的皇帝，挑战着这个新皇帝的权力。

然而我们又得感谢这些牵绊，正是种种磨难，把刘彻磨炼成一个坚韧、勇敢的君王，也正是这些牵绊，让刘彻学会了另一种强大的力量。

窦婴下台了，田蚡免职了，大汉朝的首脑机构又空缺出来了，然而这件事情不用刘彻操心，太皇太后早已安排了人选。柏至侯许昌为丞相，武强侯庄青翟为御史大夫。刘彻选定的脑袋还没怎么工作就被彻底替换了。

这两位此时是风光无限，但是他们忘了，现今这个职位并不是当今皇帝所赐，拿着甲的钱，听着乙的话。有个不好听的词叫"吃里爬外"。

你们坐的不仅仅是臣子的头把交椅，还有皇帝刘彻一肚子的火气和愤恨。个人认为这样做官是极其不明智的。

关于这一点，历史和我站在了同一边。

"邂 逅"

前面的路，刘彻走得太快、太猛烈了，前朝留下的都是一些痼疾。

经过前面的一阵折腾，刘彻似乎成熟了，他开始尊重时间，尊重积淀，他要好好看看这个世界。

这个时候，刘彻蛰伏了，小踏步地后退正是为了大踏步地前进，刘彻终于懂得了韬光养晦。

也正是这个时候，刘彻邂逅了他帝王生涯中非常重要的两个人。仔细看的话会发现，我们这小节题目中的邂逅是加了引号的，因为这场邂逅，并不是一场偶遇。

而这其中穿针引线的正是刘彻的亲姐姐——平阳公主。王娡与汉景帝一共生了四个孩子，其中年龄最大的就是这个平阳公主，她就是刘彻的大姐。

这个时候，正是刘彻在政治上遇到阻力的时候，一个想大展拳脚的汉朝皇帝，却被一些盘根错节的利益制衡着，在这个际遇的当口，平阳这个做姐姐的看出了弟弟的忧愁。

于是姐姐请心情烦闷的弟弟到自己家去放松几天，刘彻早就厌烦了朝中那些倚老卖老的老臣，和姐姐这个平辈人接触一下，刘彻才觉得自己依然年轻。

讨弟弟欢心的依然是些老套路，但这次不同的是，刘彻从老套路中找到了新欢喜，这个人就是平阳府上的歌伎——卫子夫。

一曲唱完，刘彻早已被迷得神魂颠倒，前段时期的纷繁嘈杂早就让他忘记了如何欣赏美人，但是这次，刘彻从这个女子悠扬飘缈的歌声中听到了安详与宁静。

这个幸运的女人立刻被刘彻招幸了，这个女人以一种微弱的姿态突然出现在我们眼前，也正是她在日后创造出了那么多的传奇。那么，传奇就从这里开始吧。

在刘彻得到了美人卫子夫之后，姐姐平阳公主又给他推荐了一个人，这个人就是卫青，是卫子夫同母异父的弟弟。刘彻把这两个卫姓姐弟一并带回了宫中。也正是这次引荐，让卫青走上了他的成长之路，最终成为大汉朝最伟大的英雄之一。

皇帝有了新的女人。公元前139年春，卫子夫被刘彻带回宫中。

这本不足为奇，但是当朝皇后可是那个集万千宠爱于一身的陈阿娇。这个阿娇从小娇生惯养，在母亲长公主那里没受到过半点委屈，在姥姥太皇太后那里更是如此。现在你皇帝竟然放着尊贵的皇后不要，跑去宠幸一个低三下四的歌伎。

一哭、二闹、三上吊。

如果说阿娇在皇帝面前还有一点收敛的话，那么，她在她母亲长公主那里可是想怎么闹就怎么闹了。

这个长公主可不是省油的灯，女儿受了这样的委屈那还了得。

好一个刘彻，你也不想想你这皇帝是怎么当上的。现在你皇帝位置坐稳了，就过河拆桥，撇下我们母女俩不顾了是吧？

这气当然不能撒向刘彻，憋着这一肚子的气，她转动着眼睛物色着对象，寻找机会。

我们再来看看卫青，他虽然在平阳公主家是个奴仆，但平阳公主对他喜爱有加，平时也是颇加照顾，卫青世面也见了不少。

可一到了皇宫，卫青还是惊讶了，原来这就是皇宫，处处彰显着尊贵和威严，一个个带刀武士精神抖擞。卫青极爱戎装，这一切让他着迷了。

可是不久，卫青就品尝到了皇宫的另一种滋味儿。

在一个深夜，卫青被一群身份不明的人秘密逮捕，可怜的卫青刚刚领略皇宫的繁花似锦，就惨遭不测，让他不明白的是，他一介奴仆，身份低微，怎么可能惹上皇宫里的麻烦。

卫青就这样莫名其妙地消失了，这让他在宫中为数不多的亲友焦急万分，其中就有这么一个朋友叫公孙敖。这个公孙敖当时是刘彻的骑郎，也就是骑兵侍从，他和卫青因为年龄相仿又志趣相投所以平时谈话非常投机，两人没多久便成了莫逆之交。

虽然卫青是个男人，但是在皇宫凭空不见也着实奇怪。因为公孙敖了解卫青，卫青是一个老实谦逊的人，不会在皇宫人生地不熟地到处乱跑。并且他也深知皇宫不同于其他地方，这里的水可深着呢。

经过几天的调查，公孙敖发现了其中的蹊跷，于是带领几名壮士径直冲进囚禁卫青的地方，救出了卫青。

从始至终，卫青都被这皇宫式的躲猫猫游戏搞得摸不着头脑。

当坐下来认真分析的时候，卫青终于明白了其中的缘由。皇宫尊荣太平的包装纸的一角被卫青一点点撕开了，渐渐在他眼前露出了错综险恶的真相。

这一次经历，让初涉皇宫的卫青懂得了在其中涉世的艰苦，那些平日里威武不屈的将士，随时都有可能被一种软权力卸下戎装。这软权力就是皇宫中的权力更迭，卫青着实不想蹚这趟浑水。

通过一系列的等量代换，他们马上就查出了这个幕后黑手——长公主刘嫖。而这起事件的缘由表面上是阿娇的争风吃醋，其实说到底还是权力之争。

第三章 汉朝，我来了

这皇宫里凡是惦记权力的人时不时地都要补补妆擦擦粉。一桩桩被粉饰了的事件，拿水一冲，露出来的都是畸形的面容。

作为皇帝，哪能没有个三宫六院？更何况他只是宠幸了一个女人，而且也没有给她任何名分。皇后阿娇和长公主刘嫖为什么这么紧张呢？

原因是阿娇无子。

母以子贵，尤其是皇室的女人。倘若生了个皇子，那她可就拥有了一张长期饭票。

你又要问了，要这饭票干什么？皇宫里的人还愁饿死不成？

当然，皇宫里的人再怎么不如意，也不至于饿死。但是，用这张饭票吃的可不只是富贵，更主要的是荣华。期限是"长期"，也就是你能活多久，就能用多久。开出这样的条件，任何女人都会打起自己的小算盘。

所以，要是有个女人生个儿子占了阿娇的先机，阿娇就得把这张长期饭票拱手让出去了，这长公主一家可都指望着阿娇的肚子呢？

现在皇帝又多了个女人，还隔三差五地跑去宠幸一番，万一哪天这肚子就大了呢？这长公主一家能不着急吗？

所以，长公主来了这一招"敲山震虎"。

我要用你卫子夫最亲近的人的血做一张红牌，让你卫子夫自动退出。

不过，长公主的如意算盘让公孙敖给打翻了，这本要算的账突然就成了一本乱账，一本难账。

卫青算是躲过了这一劫。

当要找这幕后主人算账的时候，卫青发话了，低调处理，就一笔带过不必追究了。这又是为什么呢？

第一，卫青明白，也就是这件事给卫青上了一课，因为他的姐姐，他现在已经成了众矢之的。此时，唯有低调，他才能避免皇宫里的一切劫难。

第二，就是卫青的身份。在这个震古烁今的大英雄一出场的时候，我们似乎一点儿也感觉不到他身上的英气，不少人一定会抱怨，为什么我们大英雄的出场会如此简陋和谦卑？

说到卫青的身份，这是卫青为人低调的一个重要因素。

卫青，字仲卿，山西临汾人，但是他原本不姓卫，他的父亲是当地的一个小县吏，被派到平阳公主的丈夫平阳侯家做事的时候，和平阳侯府的女仆卫媪私通。

卫青是郑季和卫媪的私生子，本来应该是姓郑的。但是由于同母异父的姐姐受到了皇帝的宠幸，所以卫青就用了母亲的姓。

卫青的童年对于他来说是一场噩梦，但也正是这场噩梦，让卫青有了一种同龄人不可能拥有的坚强，也让他比同龄人更成熟。

当年卫青去了郑家，郑家给了他一根鞭子，让他去放羊。他在郑家立刻深化了他奴仆的形象和命运。

卫青在寂寞和忍耐中慢慢长大，每天只是躺在山坡上看着羊群在远处吃草，而流云轻轻地从他头顶掠过，只有这片刻安静才能唤起他少年人的短暂快乐。

快乐仅仅是短暂的，大概是一种命运的指引，卫青知道自己必须离开。虽然我是上天都抛弃的人，但我自己不能抛弃自己。

后来的事情说明，卫青错怪命运了，命运并没有抛弃他。有道是天将降大任于斯人也……

卫青长大以后又回到了平阳侯府，做了平阳公主的骑奴，平阳公主对这个年轻明理的骑奴非常赏识，也就在这个时候，卫青有了比较大的发展空间，他高超的武功和精湛的骑术也正是这个时候练就的。

单凭着佣人和私通两个词，就足以磨灭这个年轻人身上的跋扈和高傲。这样卑微的出身让卫青很早就懂得了放低姿态和用一颗平常心与人共处。正因为这样，这件事情才会让卫青处理得如此低调。

但是英雄不问出处，现在所吃的苦，就是日后所享的福，卫青正是用这样退一步海阔天空的态度保全了他神话般生涯的开端。

这件事，让刘彻看到了长公主母女的阴险用心，他从心灵上已经抵触和厌恶这对飞扬跋扈的母女了，但是由于时局和面子问题，刘彻很清楚，这两个女人，朕还动不得。

刘彻干脆任命卫青为建章监，也就是建章宫的管理者，并加封他为皇帝的侍卫。刘彻这样做的目的无疑是为了保护卫青，但就卫青的个人能力来讲，他的确不辱使命。

这段故事，是卫姓两兄妹联袂主演的。

不久，卫子夫怀有身孕的消息传遍了皇宫。刘彻把她封为夫人，卫家的好多血亲也得到赏赐提拔。

几家欢喜几家愁。长公主一家全都记住了卫子夫。

历史原来这么有趣·汉朝卷——汉武大帝刘彻

第四章　奇人俱现

危险的邻居

　　前面我们一直跋涉在皇宫这潭深水的险恶之中，似乎忘记了宫闱之外一个险恶的邻居——匈奴。

　　险恶并没有因为我们的忽视而减弱，相反，这只大漠之鹰随时准备振翅飞过草原来劫掠大汉的财富。

　　刘彻没有忘记，时时刻刻都记得。

　　这个邻居，决不能再纵容了。

　　但是又该如何对付呢？

　　挥军北上？这是最解气的方法了，但是也最不靠谱。

　　一是因为刘彻现在太年轻，不管是国内局势还是国力情况，都不允许刘彻对匈奴操之过急。

　　二是因为和亲政策由来已久，自汉高祖刘邦以来，和亲就被视为谋取汉朝和匈奴和平的一剂灵丹妙药。也正是因为这项政策，许多大汉的女儿从此踏上了北上的不归路，汉景帝更是因此而失去了一个亲生女儿。

　　由此看出，和亲是汉朝对待匈奴的一贯政策，一旦对匈奴用兵，那就把这种用女人换"和平"的途径毁了。这样一来，太皇太后一定不会同意，朝中不少大臣一定也不会同意。

　　三是即使是打起仗来，汉朝也未必会赢。高祖刘邦曾被匈奴冒顿单于困于白登山中长达七日之久，这也让大汉认识到匈奴骑兵的厉害。

而当时汉朝经历了文景之治的长期和平，军队战斗力十分低下，这比起常年奔跑在草原上的匈奴来说简直不堪一击。

一天早朝，一位臣子向刘彻呈上了一把刀，这刀就是匈奴将领们用的武器。也就是这把刀，让刘彻做出了另一个对付匈奴的决定。

这把刀锋利无比，汉朝的剑在它面前简直自惭形秽。这让刘彻深切地感受到大汉和匈奴武器装备的差距。

在冷兵器时代，当地球上各个角落的人们在不停地厮杀的时候，唯有武器，才能成全人们心中的勇气。武器就是历史，武器就是一切。

刘彻不明白，大汉朝不管在文化还是在政治上都要比匈奴先进得多，为什么偏偏在一把刀上掉了链子。

这件事情给了刘彻很大震动，他立刻召来了大汉国最优秀的铁匠，你们给朕研究出来这到底是什么刀，你们要给朕做出比这更锋利的刀。

经过一段时间的研究和琢磨，这把刀的检验报告出来了。

成分：精钢（目前我们还没有这项技术）

产地：西域（并不是产自匈奴）

杀伤力：极强（远胜于我们国产的武器）

研制成果：不可能制造出来

这个研究报告给了刘彻不小的打击，但他得知匈奴人也并没有掌握这项先进技术的时候，多少还有点宽慰。这种武器在匈奴骑兵中的应用也仅限于军衔比较高的将领，普通小卒用的也是普通武器。

另外还有一个非常重要的情报，刘彻从一个匈奴俘虏的口中得知，刘彻恨之入骨的匈奴有一个敌人——大月氏。

说起这段恩怨，久远而深刻。

当时的匈奴首领是头曼单于，太子是冒顿。但是由于头曼单于偏爱幼子，便想废长立幼，无奈找不出什么合理的借口。于是，这个狠心的父皇就想出了一招毒计。

当时的大月氏国比较强大，头曼单于就把太子冒顿作为人质送到大月氏，向它求和。大月氏一看，这连亲儿子都送来了，求和还真是诚心诚意，就爽快地答应了。

不料这个阴险的头曼单于转身便翻了脸，出兵突袭了大月氏。头曼单于想当然地认为大月氏会杀了冒顿，想想都觉得自己这一招借刀杀人用得实在是妙。

可谁会料到，太子冒顿竟然安然无恙地逃回了匈奴。偷鸡不成蚀把米，大月氏的当权者不仅没杀掉冒顿，反而被头曼单于激怒了，而头曼单于更激怒了冒顿。最后，冒顿弑父，自己取而代之，做了单于。

冒顿单于死后，他的儿子继续讨伐大月氏国，不仅杀死了大月氏的国王，还把他的头颅做成了喝酒的酒器。

大月氏从此对匈奴恨之入骨，一直想伺机报复，但苦于没有同盟，势单力薄。而匈奴却逐渐强大起来，最后，大月氏不得不逃往匈奴的西边。

敌人的敌人就是我们的朋友。

一把刀，牵扯出了这么多信息，这些信息，在刘彻心里衍生出了一个构想，这个构想，经过深思熟虑之后成了决定——我要派人出使西域。我要到那里去寻找世界上最锋利的武器；我要到那里去寻找一切可以联合的同盟；我要让我的边疆永远不再受到骚扰；我要让我大汉的女人永远生活在大汉的国土上。

张　骞

开　路

刘彻是非常喜欢使用选拔的手段的，不仅在治国用人方面喜欢公开选拔，就连出使西域的使者也要这样。他要选出大汉朝最勇敢、最坚毅的人来完成这项伟大的战略任务。

这次的选拔不同以往，以往选拔的奖品不仅仅是实现你心中的抱负，一并送上的还有荣华富贵。

但这次选拔的胜者，得到的不仅仅是大汉的荣誉，还有茫茫未知的前方，不知归期的路途，以及未知的凶险。

在那个时代，没有定位系统，更没有飞机、火车，所有的探险都是靠人力去完成，所有的道路都是靠双脚去开拓。要选择这样一个人，要选择这样一群人，刘彻必须放眼于他的大汉子民，他必须找到。

前方的路布满荆棘，刘彻必须找到一个勇气与智慧并存的人，只有这样一个人，才会用自己的智慧带给大汉最有用的情报，只有这样一个人，才能躲过其中的各种凶险。

一个叫张骞的年轻人被选拔而出。

这个张骞，也是汉武帝刘彻一手提拔起的人才。

张骞，字子文，汉中郡成固（今陕西省城固县）人。他早在汉武帝刘彻即位时就已经在朝廷担任名为"郎"的侍从官了。

据史书记载，他"为人强力，宽大信人"。但这个平凡的年轻人，心中隐藏这一种探险的勇气，他不甘心庸庸碌碌地活在长安城中，他为实现自己心中梦想，他要做大汉朝真正的男子汉。也正是这种优良的品质让张骞战胜了各种难以想象的危难，成为获取事业成功的一个重要因素。

建元二年（公元前139年），张骞率领一百多名随从人员载着大汉给西域各国带去的礼物，从陇西出发，穿越匈奴，开始了他伟大的探险之旅。

这一段艰难的道路，支撑他们走下去的不仅是两条有形的腿，还有信心和勇气这两条无形的腿。

"闻道寻源使，从此天路回。牵牛去几许？宛马至今来。"（杜甫《秦州杂诗·闻道寻源使》）

西汉的月亮，无言照他远行；边关的雁叫，已写进凌厉的寒冷。

阻碍比想象中来得快。在穿越匈奴的时候，张骞被匈奴人抓获。

按照当时的国际惯例——不斩来使，张骞侥幸保命，但也被扣留软禁了。

这一扣就是十年。

他被定亲，被结婚，还有了孩子。匈奴人妄图用骨肉深情消磨张骞记忆中的长安形象，忘记他心中的使命。

人言落日是天涯，望极天涯不见家。

月是故乡明。夜里的月亮，再美，对于张骞来说也是一种苦涩的情愫，夹杂着无限的凄凉。

篝火浓烈，匈奴大大小小的营帐浮光掠影地雾化在他出神的眼里，幻化为一个个远远近近的坟头。狐死必首丘。他黯然地闭上了眼，点点晶莹的泪水滴进熊熊的篝火。

草原征服了张骞的发肤，他的头发长了，他的皮肤糙了，一个一身文气的少年变成了塞外北风中的粗犷汉子。

但是草原却没有征服张骞的信念，没有征服他对大汉朝的爱。

西 征

这么多年过去了，张骞一直乖乖地让人省心。匈奴人对他的监视逐渐就松懈下来了。公元前128年的一天，张骞趁着看守不备，带着随从逃出匈奴。决定都带有伤害性。这次的痛苦，让他和妻儿从此天各一方。

人在江湖，身不由己，无情吗？或许本来就没有这份情。鱼和熊掌不可兼得，我自当舍身取义。

张骞和他的随行人员整整向西跑几十天，漫漫戈壁滩，人烟荒芜，水源缺乏，吃了上顿愁下顿，躲过飞沙走石，翻过葱岭冰雪。

皇天不负有心人，终于他们看到一个国家。

这个国家是大宛国，张骞立刻向这里的国王说明了来意。大宛国早就听说了汉朝的富庶，很想与大汉朝互通有无，只是一直苦于没有互通的道路。

张骞的到来，让他们非常欢喜。不用他们找，这门路自己就上门来了。

大宛国给了张骞很高的礼遇，并且派给了他随身的翻译和向导。

于是，寻找大月氏国的征途又开始了。

由于这次他们互通了语言，并且有向导，张骞很快就找到了大月氏国，一项历经十数年的使命终于要让张骞完成了，他很快就能得胜回朝，回到那片他魂牵梦绕的土地。

但是，上天总是爱开玩笑，大月氏对匈奴的仇恨已随着时间的推移慢慢被淡忘了,那些老祖宗的事我还提它做什么。大月氏国还能怎样?被一个人骑头上了,一门心思地报仇,等到终于认清报仇是不可能的时候,也就心安理得地安乐下去了。什么屈辱,什么奴性,只要能过好现在就行。

大月氏国对于汉朝的提议没有明确的态度,这没有明确的态度就是一种态度。

在大月氏待了一年左右,谈判没有丝毫进展,张骞也只能叹口气,上路回长安了。

这次回来,张骞一行人依旧没有躲过匈奴人,被扣留了起来。你能想象他看到他的妻儿后,大眼瞪小眼是什么心情吗?

你一定以为张骞愚蠢,在同一个地方连着栽两个跟头。但这实在也怪不得张骞,只能说匈奴人太剽悍了,太能抢地盘了。这次回来,张骞特意改变了路线,取道羌人地区,为的就是避开匈奴。万万没想到,短短一年,羌人也成了匈奴的附庸了。

实在是运气欠佳啊!所幸这次扣留的时间不长,就一年。

公元前126年,趁着匈奴因为单于驾崩的大乱,张骞带着胡人妻儿和向导堂邑父逃回了大汉。这次他算是没有辜负自己的妻儿,也算是一个比较美满的中国传统式结局。

回长安后,张骞立刻把自己这一路点滴见闻向刘彻作了详细的汇报,对葱岭东西、中亚、西亚,以至安息、印度诸国的位置、特产、人口、城市、兵力等,都作了说明。这个报告的基本内容被司马迁在《史记·大宛传》中保存了下来。

刘彻听得出神,真的是这样吗?难道真有朕不知道的地方?

中国的皇帝历来都是以自我为中心的,他们常常认为自己坐拥的天下就是全天下。他们何曾知道,在他们之外还存在着许多国家。

刘彻听完后非常高兴,他没想到这支射出去十几年的箭还能自己再飞回来,于是特封张骞为太中大夫,授堂邑父为"奉使君"。以表彰他们的功绩。

张骞回到汉朝以后无疑成了一个"匈奴通"。刘彻多次任命他率部与匈奴作战。

历史原来这么有趣·汉朝卷——汉武大帝刘彻

术业有专攻，一个好的探险家不一定就是一个好的军事家。这一点刘彻似乎是不知道的。

张骞也确实做不了军事家，因为作战延误战机被判了死刑。

所幸当时可以用爵位赎死罪，留得青山在，不怕没柴烧。张骞果断拿侯爵赎了死罪，被贬成了一个普通老百姓。

辛辛苦苦十几年。一个名利双收的大探险家，一夜之间，又赤裸裸地回到了起点。

命运对张骞还真是特别"照顾"啊！

再次西征

张骞虽然被贬为庶民，但可以说是汉朝最与众不同的庶民，刘彻还常常召见他，向他打听西域的事情。

这神秘莫测的讲述，加上刘彻心中对匈奴深刻的仇恨，刘彻心中那个强大大汉国的梦再一次升腾。他决心要兼并匈奴，扩大大汉的版图。

关注国内，放眼国外。

命运又一次把张骞推向了历史舞台。

公元前 119 年，刘彻任命张骞为中郎将，让他再一次远走西域。这一次的队伍已经是相当庞大了。

张骞这次出行的目的还是"以夷制夷"。这个国策的制定还是因为当年晁错的上书。一代忠臣命丧黄泉，生不逢时，死后这么久，自己的提议终于派上用场了。如果泉下有知，晁错也该欣慰了。

这一次，由于河西走廊已经被打通，张骞不用再借用匈奴的土地，便顺利到达了西域各国。

对于这些西域小国来说，见到"天使"张骞的到来无异于是见到了外星人。这倒真符合"天使"这个词。顺便说一句，天使，就是天子的使臣的简称。后来西方文化传入时，翻译时便用了天使一词，中国含义的天使消失了，西方文化的天使满天飞。

张骞给他们描述大汉的富庶和宽厚，表示大汉愿意和他们做朋友，愿与他们礼尚往来，请他们派个代表跟他回去。这些人听得不明就里，自然也不愿跟张骞回大汉。

这事可真怨不得这些国家，因为那个年代，国与国之间交往闭塞，谁都不知道谁的存在（倒是这匈奴，承上启下，在中间谁的气儿都能通上）。这些国家的统治者当然不能把国家利益放在张骞这个"外来人"的篮子里。所以，对张骞的请求都不敢贸然答应。

张骞也不好勉强。最后，只有一个乌孙国派了向导和翻译送张骞回国，并且带了几十匹好马答谢汉武帝。看看那个时候的外交，多实诚。

张骞又回到了长安，这一次，刘彻命他为大行，位列九卿。

都说爱运动的人身体好，这话不假；但是，物极必反，专业运动员的身体就不会很好。这位舟车劳顿的英雄，实在是身体透支过度，在家仅仅安逸了一年多，就辞世了。

张骞的两次出使大大加强了西域各国和汉朝的经济往来。西域的葡萄、胡桃、石榴等物产传入汉朝，汉朝好多当时世界领先的工程技术也都传入了西域，更重要的是中国柔软纤美的丝绸沿着张骞开拓出来的这条后来被称作"丝绸之路"的路，慢慢传入了西方。

东方朔

找工作

刘彻喜欢选拔人才，他认为分母越大，分子的含金量就越高，这是刘彻一种特殊的数学思维。

也正是热衷于这样的选拔形式，刘彻没少淘到人才。

公元前140年，也就是刘彻刚刚继位的那一年，他就举行了一场轰轰烈烈的选拔仪式，由于那次的状元董仲舒太顺应时局了，以致我们似乎冷落了一个人，现在趁着局势不再那么紧张，我们回过头来再看看那个人。他叫东方朔，你绝对对这个名字不陌生。

事实证明，假如是金子，在田地里扔几年也照样金光灿灿。

可惜刘彻当时的选拔人才经验还不怎么成熟，忽略了才艺表演这一项，否则的话，董仲舒第一的名头就不那么稳固了。

这个东方朔擅长的才艺表演就是吹牛。

东方朔把这个吹牛的功夫用在了他找工作的应聘书上。

工作不难找，只要简历做得好。

东方朔的上书是怎么做的呢？他的上书长达三千片竹简，两个人才勉强把它抬到汉武帝面前，刘彻圈圈画画地用了两个月才读完。

刘彻可真有耐心，仅仅有耐心就会舍得花两个月来做一件无意义的事吗？肯定不是。这充分说明了东方朔的噱头使得恰到好处，写的文章也不可小觑。事实上，东方朔也真是西汉的辞赋大家。辞赋大家？看到这你有没有被吓一跳？或许你根本没留意，那现在你再留意一下：辞赋大家。在我们印象里，东方朔不就是个会耍点嘴皮子的弄臣吗？或者换个说法，是一个嬉笑怒骂隐于朝市的大隐者。怎么会跟一个严肃风华的辞赋家的形象联系在一起呢？

这是怎么一回事呢？我们应该这样想。

第一，既生瑜何生亮。汉武帝时期，已有司马相如辞赋名震天下，东方朔、枚皋等顶着这样的大日头，即使光芒万丈也白搭。

第二，一为文人，便无足观。文人相轻，自古是避不开。可别忘了，刘彻不仅是爱赋之人，更是能赋之人。多一个辞赋大家，不如多一个消遣弄臣。

第三，严肃的文人形象往往没有幽默逗乐的喜剧形象来得轻松，容易被接受。东方朔这大文豪的风范是被他厚积薄发出来的小聪明给深深地掩埋了。

东方朔不仅遣词造句，辞藻铺陈境界高，而且性格诙谐滑稽，做事标新立异，况且刘彻又是一个爱好文学的皇帝，这样写起文章来能不牢牢地吸引刘彻的目光吗？

那他的上书中又都说了什么呢？

求职简历

姓名：东方朔

性别：男

年龄：二十一岁

身高：九尺三寸（和姚明差不多高）

教育经历：十三岁开始读书，三年的成果就可以受用一生了。十五岁开始学剑，十六岁学《诗》《书》，读书有二十二万字，十九岁学兵法，懂各类兵器的用法，精通各种作战技巧，这方面的书也读了二十二万字。

自我介绍：平日里为人诚信，堪比子路。眼睛炯炯有神，好比明亮的珍珠，牙齿齐整洁白，有如编排的齿贝，勇敢像孟贲，敏捷像庆忌，廉俭像鲍叔，信义像尾生。

应聘职位：三公九卿，朝廷重臣

工资：面议

求职地点：长安

联系方式：让侍卫找张三；让张三找李四；让李四找王大爷；让王大爷喊我一嗓子。非诚勿扰。

《史记》评之为"文辞不逊，高自称誉"。

看完这一份恢宏磅礴又大放厥词的上书，好奇心驱使刘彻一定要会会这个东方朔。

有些人，需要的仅仅是一个当面开口的机会。不见面则已，一见面则事必成。

东方朔正是这一类人。见过东方朔之后，刘彻为他的滑稽幽默所深深折服。但刘彻没有高兴地昏了头脑，谨记着自己眼下需要的是什么，所以并没有立刻重用东方朔。而是让他做了一个公车令，留在身边备用。

这公车令不是公共汽车司机，而是一个在衙门里等待皇上诏令的下级顾问。这比起东方朔的理想可是相差很多。

但总算工作有着落了。

身高事件

文官会吹牛，当然进上流。

东方朔在刚刚出任公车令的时候工作像打了鸡血，充分发挥着螺丝钉的功用，职位再低，好歹也算是个公职人员吧。

可是时间一久，东方朔就看出端倪来了，不怕不识货，就怕货比货，看看一同出山的董仲舒，看看人家的福利待遇。同样是在朝为官，待遇相差怎么就这么大呢？

东方朔这样被晾着，都快晾成鱼干了，可朝廷还是不闻不问，不给他个像样的官职。

他终于忍不住了，与其守株待兔，不如主动出击。这天，他来到给皇帝喂马的几个侏儒跟前，吓唬他们说，你们就快死了，还不知道？

侏儒们立刻问道，我们又没犯什么法，也没犯什么错，为什么会死啊？

皇帝说你们这些人啊，田种不了，官当不了，仗又打不了，无才无德，对国家一点用处也没有，留着还得拿粮食喂你们，真是划不来，所以打算杀掉你们。

侏儒们听了，吓得两腿发软，竟然抽抽搭搭地哭起来。

东方朔一瞧，又说了一句：得了，得了。要是不想死啊，那一会儿皇上经过这里，你们就跪到路中央向皇上求饶吧。

过来一会儿，汉武帝果然路过这里，侏儒们忙跪下来求饶。

汉武帝问明缘由，便召见东方朔责问。

我说过，有些人，需要的仅仅是一个当面开口的机会。

东方朔风趣地回答：我也是迫不得已才这样做的啊！这些侏儒身高不过三尺，而我呢，身高九尺，但是我们俸禄却一样多，吃的也一样多，这不是摆明了撑死侏儒，饿死我东方朔吗？如果陛下觉得我还有几分才能，那么就先让我养活好自己。如果陛下觉得臣没用，那就干脆放我回家，我也不愿白白浪费京城的粮食。

刘彻听完哈哈大笑，心中的愤怒早已没有了。

东方朔也因为这次身高事件从公车令升到金马门待诏。

这东方朔的单口相声也演绎到群口相声，而捧哏的角儿也从侏儒上升到一个个朝廷重臣。

分　肉

三伏天是汉朝传统的祭祀之日，汉武帝刘彻下令赏赐诸位大臣，大臣们都早早地来到宫中，等着皇帝的打赏。

等啊等啊，这分肉的官员迟迟不来，东方朔可再也等不下去了，自己动手，挥剑割了一块，还不忘对旁边那些大臣戏谑一句，三伏天要早回家，请允许我接受天子的赏赐。说完大摇大摆地闪人了。后来，主持分肉的官员把这件事上奏了汉武帝。

第二天上朝的时候，刘彻问东方朔昨天的事情作何解释，东方朔忙脱帽下跪谢罪。刘彻说，"先生站起来检讨吧。"

于是东方朔站起来，开始了检讨：

东方朔啊东方朔，

你不等诏令来下达，擅自做主把肉割，这是多么无礼啊！

挥舞长剑来割肉，这又是多么豪壮啊！

割肉只割一小块，你是多么廉洁啊！

回家送给妻子吃，多么懂得疼妻子！

这首散文诗，东方朔做得一点也不脸红。

刘彻此时已经笑得从座位上站了起来，于是又赐了一石酒，一百斤肉，让他带回家去送给妻子。

这样一次割肉事件，东方朔不但没有被扣分，反而为自己赢得了良好印象。

东方朔的功夫，全在于洞察，知道皇帝要的是什么，用吹牛的方式再清楚不过地告诉皇帝——我有趣，能让你开心。

东方朔确实有才华，否则也不会让人安上"智圣"的名号。

不过，汉朝有才华的人太多了，比如说大才子贾谊，可惜他做人太有棱有角了，年纪轻轻就死了。

过多的才华是一种危险的"病"，害死很多人。偏偏东方朔游刃有余、徜徉其间。

东方朔的出现，无疑给肃穆、冷淡的汉朝宫廷带来了一阵清爽的空气，但这些是东方朔的真面目吗？

这个东方朔软硬不吃，既不图升官，也不图发财，虽然没人能拿他怎

历史原来这么有趣·汉朝卷——汉武大帝刘彻

么样，但总要有个追求吧。

那东方朔之前是什么样的呢？

刘彻有个外甥昭平君为人非常跋扈，自从他娶了刘彻的女儿夷安公主为妻之后。成了刘彻的女婿，有这两样关系护着，昭平君变本加厉，坏事没少做，官司没少惹。

知子莫若母，隆虑公主非常担心这个不听话的儿子，在她咽气之前，她拿出了很大一笔钱给刘荣、刘彻，预先请求为昭平君免了死罪。刘彻答应了隆虑公主的托付，她这才安心死去。真是可怜天下父母心啊。

母亲过世之后，昭平君果然没让那些银子浪费，隔三差五地惹是生非。最后竟然杀死了妻子的傅母，也就相当于贵族保姆。

按照汉朝的法律，杀人偿命。

于是廷尉上奏刘彻，刘彻便和大臣们商量。

大臣们都认为，隆虑公主临死之前已经给儿子交了赎死罪的钱了，况且这昭平君还是当今的驸马，就放过他吧。

刘彻非常悲痛，隆虑公主死之前把昭平君交给自己，然而今天要是判他死罪，如何向死去的隆虑公主交代啊！

说到这里，刘彻话锋又一转，法律是祖宗制定的，即使是皇亲国戚也不能例外，如果今天我放了昭平君，我就不能向列祖列宗和天下百姓交代了。

刘彻做了一个很鲜明的对比，隆虑公主的面子显然没有列祖列宗加天下百姓的大。

于是刘彻下令处死昭平君。

昭平君死了，自己的女儿也成了寡妇，刘彻禁不住悲从中来，哭了。

皇帝哭了，大臣们一看也急了，咱们也得哭啊！于是刘彻那里下小雨，大臣那里就下暴雨。

整个朝堂之上哭声一片，仿佛谁家都死了姑爷，昭平君简直受到了国丧一样的礼遇。

大家都在那里"下雨"，唯有一个人没下，不但没下，反而还艳阳高照。这个人就是东方朔。

他找到一个酒杯，先敬了刘彻一杯酒说，"陛下这样的明君真是天下苍生的福分啊，赏赐不避仇人，诛罚不分骨肉，陛下真是明君！"

好个东方朔，皇帝家办丧事，你却在这里喝酒，群臣嚎哭声忽然都停住了，大家要看看这个东方朔怎么收场。

刘彻还好坐得远，否则脸上抽筋非让大臣们看见不可，这脸上本来是哭的表情，听了东方朔一番话竟然不知道要换什么表情了。

退朝之后，刘彻单独召见东方朔。质问他说，你刚才什么意思？什么时候该说话，什么时候不该说话，你不知道吗？

东方朔赶紧跪下说，陛下，天下能解忧的只有酒，今天我看到您和大臣们那么伤心，本来是想调节一下气氛的，可惜我选错了时候啊。

刘彻能不明白东方朔心里的小九九吗？他这分明就是让我下定决心不能改口啊。

刘彻脾气变化无常，但是东方朔却能拿捏这其中的分寸，这刘彻的脾气像面团一样在东方朔的手中被任意拿捏。

东方朔不是简单的人，他聪明就聪明在这里，做事最关注的是效果，而不是其中的一己的得失。在政治家的眼里，两点之间的最近距离可不是直线，走直线的人往往是要掉脑袋的。

东方朔虽然当了很多年的官，但从来没有被放到地方上去历练历练，这足见刘彻对他的喜爱。

后来，东方朔病重弥留之际，仍然上谏，这次他终于摘去了他玩世不恭的面具，诚诚恳恳地暴露了他的思想，他说，诗经上说"营营青蝇，止于蕃。恺悌君子，无信谗言。谗言罔极，交乱四国"（飞来飞去的苍蝇，落在篱笆上面。慈爱善良的君子，不要听信谗言。谗言没有止境，四方邻国无安宁）。希望陛下能远离巧令奸佞的小人，斥退他们的谗言。

汉武帝感慨，如今回过头来看看东方朔，仅仅是善于言谈吗？

鸟之将死，其鸣也哀；人之将死，其言也善。东方朔戴着面具骗了刘彻一辈子，也就这样归隐在朝廷一辈子，刘彻也丝毫没有察觉东方朔的真正能耐，虽然他千方百计邀请那些隔着万水千山的隐士出山做官，但他对

历史原来这么有趣·汉朝卷——汉武大帝刘彻

眼皮底下这样一个大隐士反倒无动于衷了。

原本东方朔可以到死都不揭穿自己的身份的，但他还是不忍心。他出山了，在人生的最后一程。他终究心系天下，劝皇帝"远巧佞，退谗言"。

最美的风景是难得一个渺小的伟人，在肮脏的世界干干净净地活了几十年。

庄子是最美的风景。但是，这样真的好吗？达则兼济天下，穷则独善其身。人家请你庄子做宰相，拯救生灵，你都不愿意吗？时势造就英雄，或许你是对你那个时代失望透顶了吧。但现在不一样了。

最美的风景是人尽其能，物尽其用。悲观虽是一种远见，但我们应该先把眼下做好，尽自己的努力去做好。东方朔想通了，想了一辈子，也就想通了这一件事。一辈子能想通一件事就很不错了。

东方朔，无论怎么看，都是值得骄傲的！

第四章　奇人俱现

第五章 内 斗

结梁子

刘彻的第一次发力失败了，而太皇太后本来已经年事已高，再加上在建元新政中操心劳累，公元前 135 年，太皇太后去世了。

皇宫中的悲喜是我们常人无法理解的另一种形式，皇宫里的新老更替也是如此鲜明与残忍，是的，就是这样。

太皇太后死了。

哭的人大抵是很多的，哭腔也是多种多样的。

皇宫里的哭腔是带着笑声的，皇宫的笑声又是埋着伏笔的。假如你细细听、认真品，这贯穿其中的动静绝对不仅仅是几个音符，而是一出唱满百年的巨型歌剧。

就这样，刘彻至亲的皇祖母死了，刘彻的枷锁也解开了。大汉朝经历了一次谢幕之后，又拉幕唱戏了。

角落里，一双安详温顺的眼睛忽然变得犀利起来，她的目光穿过拥攘的人群，射透如雪的丧布，看穿了人们看似哀愁的眉眼。

这种暗藏悲伤中的阴郁，实在让人毛骨悚然。

一个人的死亡竟然给另一个人带来如此大的满足感，王美人丝毫没有掩饰自己心情的突变，雪白的丧服此时成了心中最耀眼的喜庆象征。

还有什么比这来得痛快。

她做蝶蛹已经做了太久，她几欲高飞的翅膀已经快让蛹液浸染得飞不

75

起来了，她的眉眼已经习惯了低眉顺目，她的狡猾也快随着时间的流逝而退化了。而就在这时，这一切的一切随着一个人的死亡都悄然而退了。

死人的魂魄还没有走远，活人的上位炒作就已经开始了。

刘彻经历过亲情的悲喜之后，很快换上了他的帝王面具。对于历史，对于一个国家，这不是残忍，而是一种最为直接的节哀方式。

这看似悲伤的下面隐藏着千奇百怪的情绪，倘若人们真的悲伤，祭奠的也是那逝去的权力吧。

丞相许昌，御史大夫庄青翟是此时是最紧张的人，他们的胆量早就陪葬在太皇太后的墓穴里，他们头上的乌纱已换作危悬头顶的达摩克利斯剑。

此一时彼一时，他们当初戴上这顶乌纱时，就已经看到了今天的局面。只是他们没有料到，今天来得是这么快，快得来不及抬手。

这两个人被一个搞笑的罪名整垮了，这个罪名就是"治丧不利"。这丧指的当然是太皇太后的丧了。这两个人明明是太皇太后的人，却连自己主子死后的事情也不好好办，这其中的蹊跷不言而喻。这两个自以为聪明的糊涂官被刘彻炒了鱿鱼。

丞相、御史大夫这两块大肥肉的香味吸引了不少人。

其中哈喇子流得最长的就要数田蚡了。想当初他是能做丞相而不得不让位，现在是不是该把那权力还给自己了。

角落里那道眼神的主人——王美人，高调地回应了外界——大汉国现在的皇帝是刘彻，刘彻是我的儿子，亲儿子。言下之意，谁是我的红人，谁就是大汉国的红人。

田蚡可真得感谢他这个好姐姐。

对王美人这种回应第一个有反应的就是她亲儿子——刘彻。对此，刘彻仅是反应而已，他没有太多的不解，因为他感受到了权力的魅力。母亲的转瞬变脸也让刘彻进一步认识了自己的亲生母亲。

刘彻顺从地把丞相的位置交给了田蚡。

这似乎是一出皆大欢喜的戏曲，一家人经历了种种磨难，终于该主演的主演，该上位的上位。

让我们今后高举勾结的双臂吧。

某些人心中举行的这次勾结的盛会刘彻并没有参加，他上哪儿去了？

他思考去了。

刘彻顿悟：从这一刻开始，朕成了真正意义上的孤家寡人。

就在某一刻，站在同一战线上的战士就要各为其主，但这些主子却都供奉同一尊神明——权力。

刘彻的态度决定了这注定是一出历史剧，而不是一部家庭肥皂剧。他不会让大汉国的辉煌和刘家的威严随着一些外戚野心的泡沫而化为乌有。

于是，他提拔了一个人。

这个人就是韩安国。那个时候我们给他下的定义是，能知窘境而不窘者，大丈夫也；能茹苦恨而不发者，大智者也；能存锋芒而不露者，大权谋家也。

正是这个人，此时来到了刘彻的身边，也正是这个人做了权力天平中一枚最沉重的砝码。刘彻交给韩安国的绝不仅仅是一个御史大夫的头衔，交给他的是远远多于这个头衔的权力。只有这样做，才能让刘彻觉得这个人是自己亲命的臣子。

刘彻在田蚡身边安插了一双警觉的眼睛。

韩安国，你不需要有什么背景，你不需要和谁搞好关系，因为你有的是权力，因为你的后台是朕。

两处要职已经有了人选。现在我们给大汉朝的权力中枢来一个大检查，突然我们会发现少了一个人。这个人是谁？

窦婴。

当年，窦婴和田蚡一起被扫地出门，现在田蚡又拍拍身上的灰尘站上台了，那窦婴呢？

要找他，我们先把当时全国的势力分布图拿出来看一看。

中国历史上皇帝身边一般都会有两大势力，一个是宦官集团，一个是外戚集团。这两个集团虽然名声相差很远，但是实力却不分上下。这两者在经历了各朝各代的风风雨雨之后，变动的是人员，不变的是钩心斗角。

第五章 内斗

我们先来解释一下外戚集团。

外戚分皇帝母亲派——也就是母党，和皇帝老婆派（一般是皇后）——也就是后党。汉朝为什么这么惧怕外戚呢？都是因为那个大权独揽吕后。以史为鉴，说说而已，是很难做到的。但是一朝被蛇咬，那这个伤疤即使好了，恐怕也没那么快就忘了痛吧。其后的唐朝姑且能把隋朝当作前车之鉴，汉朝这就在鼻尖的痛难道会这么快忘了不成？吕后这条毒蛇，咬他们刘姓一家咬得不轻啊！

其实，相对于后来兴起的宦官集团，外戚集团还有很多英才，而且很多人为朝廷建立了不少功勋，比如卫青，这个人就是真正的英雄，如果一味地拿她姐姐炒作，那就是对他的侮辱。

而这个窦婴虽然功绩不及卫青，但也算是英才中的一个。虽然有才，但他荣辱皆因姓，毁就毁在他的姓氏上。太皇太后走了，窦婴作为窦家最大的旗子当然要被换下来。

罢了，罢了，窦婴这回可以心安理得地回去过那读读书、钓钓鱼的日子了。

然而窦婴这面旗子的退场方式却不是这样简单。两股势力的恶斗又在以另一种方式延续着。

窦婴、田蚡这两个原本是八竿子打不着边儿的人，却鬼使神差地，硬是结上了梁子。不仅结上了梁子，还把命也给赔进去了。

而这事件的这功臣，就是灌夫。

灌夫何许人也？要说灌夫，得先从窦婴的一个偶像崇拜的爱好说起。

战国时期，信陵君"散财养士，门客三千"。这样的做法为他博得了内外的好名声。按照能力，他对这些门客进行分级。最低一级只够温饱，最高级别的门客则进行有酒肉，出门有专车。

偶像的力量是无穷的，窦婴对信陵君非常崇拜。也模仿他的行为，招养门客。但他没有掌握住窍门，"门客"培养成了"食客"。

他富贵的时候，门客一律按最高级别款待，外人一看待遇这么好，蹭吃蹭喝的都来巴结。可是当他这次被撤了大旗，这些白吃白喝的家伙，翻脸比翻书还快。

从门庭若市到一夜之间人走茶凉；从推心置腹到恍惚之间，白眼以待。

孤独的友谊

门客三千，总有特例，这个特例就是灌夫。窦婴垮台之后唯独这个灌夫仍然不断地上门拜访，两颗孤独的心在特定的情境下，坚定地融合了。

这个灌夫原本姓张，他的父亲是张孟，这个张孟原是刘邦时期武将灌婴的门客，两人私交甚好，甚至灌婴还把"灌"姓赐给张孟。

七王之乱中，灌孟和儿子灌夫上了前线，后来，作战勇猛的灌孟战死沙场。按照汉代当时的规定，父子同时参军，如果其中一个死了，那么另一个人可以护送灵柩回家。

第五章 内斗

如今灌孟死了，悲伤的灌夫本来应该带父回家。

但是这个灌夫和父亲是一个脾气，他慷慨激昂地表示，要取吴国将军甚至吴王的头，替父报仇。

于是灌夫换上戎装，召集了军中素来与他有交情又愿意跟他同去的勇士几十个人直奔吴国大营。还没到营门口，一多半人已经被吓得腿软了。最后只剩下一小部分人愿意和他前去。他们骑马飞奔冲入吴军大营，杀死杀伤敌军几十人。灌夫身上受重伤的地方达十多处，但最终还是全身而退了。

等到灌夫的创伤稍稍好转，他立刻向将军请命要再次前往吴营。将军认为他勇敢而有义气，这样一个典型性的人物，将军很是担心他战死，便向太尉周亚夫报告，周亚夫也坚决阻止了他。待到吴军战败时，灌夫也因此名闻天下。

景帝知道他的事迹之后，觉得他是一个英勇之士，任命他为中郎将。

到了武帝刘彻继位的时候，起用灌夫为淮阳太守。

当了太守难免酒桌上的事情也就多了，偏偏这个灌夫的酒品又不好，喝醉了酒就撒开了闹。而且他这个人有一个非常奇特的"爱好"——嫌富爱贫，喜欢贫贱的，讨厌富贵的，简直就是一个"仇富"的人。

酒可以乱喝，话可不能乱说，终于，他的言行惹恼了权贵。鉴于他知错不改，刘彻忍无可忍，罢免了他的官职。

和窦婴结为金兰之交的就是这个灌夫。

不怕神一样的对手，就怕猪一样的队友。如果事先看到了后来的事情，窦婴当初还会愿意结交这个灌夫吗？

这两个人的结交，是"志趣相投"。

这其中的利害关系说白了其实还是权力。

窦婴还是有权力的，只不过是过气的权力。

在灌夫看来，窦婴的倒台只是暂时的，他必定有东山再起的一天。

灌夫的判断其实是正确的，窦婴的确有这个实力，可重要的是有你灌夫在，有多么强大的实力都白搭。

一天，灌夫去拜见当时的丞相田蚡（当时灌夫的姐姐去世，他还在服丧期），田蚡看到这个倒霉蛋开玩笑地说了一声，本想和你一起去老窦家喝酒的，但你还在服丧期（汉朝规定服丧期间不得饮酒），真是可惜啊！这本是一句客套话，说的人说说，听的人听听也就罢了，可没想到这灌夫竟然当真了，还答应了，田大人既然愿意拜访窦婴，那我们明天一早就去吧。

两个过气的人，似乎希望通过田蚡达到东山再起的目的。

这两个人的热情并不是天真，而是思谋着重掌权力，在这里我们再次感叹，权力能改变一个人的心性啊！

这两个人立刻张罗起来了，等待着田蚡的到来。

左等右等，却怎么也等不来这个田蚡。这是怎么回事儿？窦婴立刻派人到田府打听。

一打听才知道，原来这个田蚡还在睡大觉呢。即使迟到了，但迟到的情也是情不是？但灌夫对这个迟到的人冷嘲热讽，最后搞得大家不欢而散。

田蚡自然知道这其中的关窍，昔日的权臣向他如此纡尊，他的自尊心得到了极大的满足，但是他仍然不肯罢手，他要好好整整这两个家伙。

那个时候，田蚡也有个门客，田蚡一高兴就许下了给这个门客土地的

历史原来这么有趣·汉朝卷——汉武大帝刘彻

诺言，真是大方啊，不是自家的土地当然大方了，原来田蚡让这个门客向窦婴讨要土地，这下可把窦婴气坏了，灌夫更是火冒三丈，破口大骂田蚡。

至此，田蚡和窦婴的脸皮正式撕破。

一场阴谋也开始浮出水面。

一场蓄意的谋杀

此时，田窦两家势力的悬殊已经是非常明显了，但是灌夫为什么敢如此冒犯田蚡呢？

这里面大有文章。

原来灌夫手里有料，这料不是一般的料，是可以要田蚡一百次命的料。

刘彻继位的第二年，深得太皇太后器重的淮南王来到了长安，这个淮南王就是汉高祖刘邦的孙子。

太皇太后为什么这么器重这个淮南王呢？原来这个淮南王和太皇太后政见一致，他信奉的也是黄老学说，并且还集结出书了，叫作《淮南王书》又称《鸿烈》。这在刘彻大搞儒学的时候尤其难能可贵。

这一切全让田蚡看在眼里，这个时期是田蚡事业的飞跃时期，他需要大量的帮手来丰满他的羽翼，对于淮南王这人他自然不会放过。

虽然田蚡一直小心驶得万年船，但是常在河边走，哪有不湿鞋，这次终于被抓住了把柄。田蚡为了巴结淮南王，曾对他说，您是高祖的亲孙子，万一今天的皇上有什么三长两短，能接手大汉江山的也只有您了。

想要为官，先把口关。田蚡这是犯了做官的大忌，你议论人不说，议论的还是当朝皇帝，这任何一句话被别人听到都是杀头的罪。

天下没有不透风的墙，很快这件事情就被传了出去。灌夫就是有幸拿到这第一手资料的人。

田蚡也不是没有灌夫的把柄，灌夫的家人性格一脉相承，都十分霸道，在他们的家乡堪称一霸，当地百姓非常痛恨他们，这个时候正好赶上武帝的"严打"时期，田蚡自然要拿这个事情说事儿。

第五章 内斗

如果说灌夫是鱼肉百姓，随便拿百姓炖个鱼汤的话，那田蚡的下锅肉就是皇帝，他炖的可是龙汤。

这两个人手中把柄的分量简直是天壤之别。灌夫一家顶多也就是一个犯罪团伙，田蚡这个可是一百个脑袋都不够砍的谋逆大罪啊。

田蚡消停了，自己一时的口舌之快成为他此时的心头大患。

田蚡的消停并不是妥协，而是他开始着手谋划一场天衣无缝的谋杀。

古往今来的不少事情都发生在饭桌上。

田蚡看似是顾不得杀人了，因为他开始忙着结婚了。

当今丞相，皇帝的舅舅，太后的弟弟结婚可真不是一件小事情，公元前131年，王太后下诏，为弟弟田蚡举办一场盛大的婚礼，要求长安的诸侯、大臣都必须参加。

这窦婴虽说被免了职，但毕竟还是诸侯，这婚宴也必须得去。于是窦婴拽上灌夫一起去，灌夫坚决不干，前晌才和他大战了三百回合，后晌就让我给他上礼去，我才不去呢！

窦婴就只有这么一个能说上话的朋友，他生拉硬扯地就把灌夫拽了过去。这一拽，也把自己拽上了阎王殿。

说这段故事之前，我先给大家解释两个礼仪术语，避席和膝席。

避席，敬酒时，敬酒人和被敬酒的人都要离开席位以表示对对方的尊重。

膝席，跪在席上，直起身子。相对于避席，膝席的礼遇就差得远了。

婚宴开始了，田蚡开始敬酒，大家连忙"避席"，田蚡是当天的新郎官，又是王太后的弟弟，这种礼遇无可厚非。

等到窦婴敬酒的时候，在座的人却都只是膝席还礼，窦婴默默接受，世态炎凉就是如此啊。

到了灌夫敬酒的时候，在座的人对他的礼遇更是差劲。这两件事情让灌夫火冒三丈。但田蚡的身份让他保持了清醒，他隐忍没有发作。

等到灌夫敬他一个同姓兄弟灌贤的时候，灌夫看他也很是怠慢，并且时不时地和邻座的程不识交头接耳，完全无视自己的存在。灌夫终于找到机会可以借题发挥了，他把心中的火气一股脑儿全都发在了灌贤头上。灌夫大骂，你这个无耻小人，平日里跟我说多么讨厌程不识，现在倒和他这么亲密了。

这分明就是找茬，但是我田蚡等的就是你找茬的这个时机。

程不识倒无关紧要，但紧要的是他的身后站的是李广。飞将军李广当时是直接给皇帝办事的人，这是第一个茬。

第二个茬就是田蚡的必杀，今天的婚宴是王太后组织操办的，你却在这里破口大骂，简直是对王太后的大不敬。

一场热闹的婚宴立刻转变成口舌战场。

话说挨过烫的小孩都应该躲着火，唯独这个窦婴和灌夫，还要一如既往地玩下去。

争吵逐渐升级，灌夫陷进了田蚡布下的一个又一个圈套中，再也没法回头了。

等到灌夫钻进最后一个圈套的时候，田蚡一声令下，来啊，将这个对太后大不敬的忤逆小人拉下去。惩戒最后升级到株连九族。

此时的田蚡相当冷静，他预谋的事情并不是逞一时的威风，他要的就是灌夫的命，他要杀人灭口。

窦婴一看，这下不得了了，喝一个喜酒最后把灌夫九族的命都给搭上了，窦婴立刻向刘彻求助，灌夫这个人千错万错，实在是酒醉坏事，罪不至死啊。

刘彻这个时候是站在窦婴一边的，但他惹的人毕竟是太后，所以刘彻就想了这么一个"东朝廷辩"的办法。这东朝就是王太后入住的东宫，"东朝廷辩"就是召集群臣让大家说说各自的意见。

这次廷辩的主角就是从前的老少组合窦婴和田蚡。

田蚡对于灌夫的罪过自然不会松口，一直咬着灌夫的嚣张说事。

按说此时的窦婴是不应该处于下风的，因为他手里有田蚡的把柄啊，让人不解的是，窦婴竟然没有把这个拿出来说，大概他以为这次事件就是田蚡的小人之心，料不想田蚡这次起的是杀心。

这次的廷辩是越辩越糊涂，烫手山芋最后又被扔回了刘彻手里。

这个时候王太后出现了，母亲受了奇耻大辱，你这个做儿子的竟然还要考虑。王太后绝食抗议。

他们窦家想当年是何等威风，可现在是我王氏入主东宫，他们还是这么嚣张跋扈，等到以后我死了，能有我王家人一天好日子吗？

事情最怕的就是上纲上线。

刘彻没有办法，最终不得不把窦婴也投进大狱。

这个窦婴就是在进入监狱的那一刻也没有想到这件事情的可怕，因为他有恃无恐，他也不屑靠揭别人短来取得先机。因为在他手中，还有一件秘密武器，这件秘密武器比任何把柄都来得权威来得正派。

这件秘密武器就是先帝刘启的遗诏。原来先帝在临死前为了保护窦婴，曾经给了窦婴一份遗诏，遗诏的内容是：事有不便，以便宜论上。

读了这么多历史，我们当然知道皇帝钦赐的这"便宜"两字有多大威力。

窦婴现在只需要奏明圣上，让他看到先帝这份遗诏，事情就一定会有转机的。

刘彻本来就不想杀窦婴，一听窦婴有遗诏，立刻让他呈上。

景帝当年留下遗诏本来是想保护窦婴的，没想到就是这份遗诏，最后却直接要了窦婴的命。

当时汉朝核对遗诏的手续是比较烦琐的，皇帝亲自颁布的诏书必须在皇宫中存档。但是窦婴手里的这个遗诏在皇宫档案馆里一查，没存档。

这下事情可闹大了，这遗诏没存档就意味伪造遗诏啊。窦婴此时身在狱中真是百口难辩。

这其中的猫腻，我们稍加分析就可以知道，窦婴当时怎么可能会拿一份假的遗诏出来保命。而且田蚡当时是丞相，找东西不容易，丢东西还不容易吗？丢一个遗诏的存档就是眼睛一闭的事。

刘彻也看出这田蚡非要致窦婴于死地了，就由他去吧。

公元前131年，灌夫以大不敬罪被处死。

几个月后，窦婴以伪造遗诏罪被处死。

灌夫死得莽撞。窦婴死得窝囊。

两代外戚的局外较量终于落下了帷幕。

这场斗阵其实没有真正的胜利者，窦婴、灌夫自然是赔上了自己的性命，但是这件事情也让刘彻更加厌恶田蚡。

刘彻凝视着这个相位，的确，丞相的权力太大了，这也让刘彻嗅出了其中的危险，也给他日后削弱相权提供了充分的政治理由。

做皇帝的，智商不是最高，身高也不是最高，但站的地方却是最高。

鹬蚌相争，渔翁得利。

此时的窦田两家根本没有什么真正的胜利者，胜利的只有刘彻。刘彻就是那个数钱的渔翁。

至此，朝中两大豪门基本被清除。

第五章 内斗

第六章 这个天下，我说了算

迟来的爱

朝廷的狠角色一个接一个地谢幕了，刘彻眼下这些个事情是该重新规划了，朕的女人要自己选，朕的臣子也要自己选。

建元元年（公元前140年），刘彻来了个"超级才子"的选拔，由于其门槛较低的参加标准，因而老少皆宜。

大汉国第一次来了个栋梁大展示，各路神仙各显神通。

汉朝今天这事儿啊，也新鲜。

一个老人出位了。

一个60岁的老人，超过知天命的年龄已经十年了，不知道十年之前他有没有算到这迟来却丰厚的一切。

这个老头叫公孙弘，就在这一年，他的家乡推荐他去参加选拔。

到了这个年纪还有勇气折腾，在古代人平均寿命都远低于今天的情况下，这无疑是蔑视衰老的行为。

公孙弘没嫌自己老，刘彻也没有嫌他老，他顺利出位，担任了博士一职。公孙弘出任博士不久，就被刘彻派遣出使匈奴。然而回朝之后，他那老气横秋的汇报却让刘彻十分反感。

其实，这也怨不得公孙弘。假如说三年一代沟的话，那么可以想象刘彻和公孙弘之间隔的是多少条东非大裂谷啊。

识趣的公孙弘看出了刘彻的不满，马上借口生病，辞官回家了。

这一晃就是十年。十年之后，也就是公元前130年，刘彻又开始寻找大汉朝的有才之人了，公孙弘的家乡这一次又让七十多岁的他重返政坛。

老将又出马了。公孙弘以他七十年的阅历倾注在一篇文章里，可谓厚积薄发，这七十年的岁月确实够重，这篇厚重且有底蕴的文章被刘彻排在了第一位。

这位公孙弘不但文章写得好，而且对美容养生也一定是深有研究。他深得刘彻喜爱的原因除了那篇第一名的文章之外，还有外在的容貌，史料对他的记载是恢弘奇伟，姿容美。一个又老又帅的才子是什么形象呢？

这个公孙弘就是这么逆向生长——越老越有文化，越老长得越帅。

人说六十是耳顺之年，意思就是人到六十岁的时候听别人的话就可以判断出真假了。公孙弘带着这份时间给予他的"特异功能"披挂上阵了。也就是这一次的老将出马让公孙弘取得了人生的最高荣誉。

当时汉武帝刘彻采取的治国理论是董仲舒的儒家思想，儒家思想的精髓就是仁政治国。

我们就从这里面看出了明堂。什么明堂？

刘彻这个人的性格我们还是比较了解的，他是一个拥有雄才大略且野心勃勃的帝王，仁政治国显然不是他的风格。但是刘彻读秦史读得比较多，他不想和秦始皇一起背上暴君的骂名。

"怎么样才能让天下百姓老老实实地顺从我的统治呢？"

说得透彻点，就是中央忽悠百姓，让他们一边被朝廷压榨，一边还要发自内心地感恩："皇恩浩荡！万岁万岁！"

所以，儒家思想根本就是一个幌子，外儒内法才是刘彻统治的手段，他非常希望有这么一个人能帮助他粉饰这一切。

这个人选就是公孙弘，公孙弘在没有入朝为官之前也是有正当职业的，他的职业就是监狱里看犯人的狱吏，职位虽低，但还是属于司法部门，他对汉代法律的理解是非常直观和深刻的。

最重要的是公孙弘在大概四十岁的时候学习了一本叫《公羊春秋》的

书，这是一本儒家的经典著作，这也就是说，公孙弘可以说上通儒下通法，不仅通，而且可以互相翻译借鉴。这样笼络的人就多了，大家都在模棱两可中坚定着自己的信念。

刘彻找到了自己最好的"化妆师"。

这个"化妆师"不但帮着刘彻化妆，还在自己身上下了不少功夫。

作为帝王臣子，没有配备几张面具怎么行呢？特殊事情特殊对待，学问就在于这换面具的功夫和火候。大家看过川剧中的变脸吧，公孙弘的功夫与之相比不相上下。

刘彻在朝堂之上经常让大臣们做选择，争论到底选哪个。

大家最为熟悉的就是某位大臣把其他几位大臣轮番夸一遍，总而言之，言而总之，每个人实在是都挺好，那么决定权就交给我们伟大的观众了。这位大臣不傻，得罪人的活他不干，谁也惹不起观众，交给观众好了。

这里这位大臣就是公孙弘，观众就是刘彻。

刘彻的问题在毫无意义地周旋了一周之后又回到了自己的手中，而问题再回到自己手里的时候刘彻的表情已经显现出了大彻大悟。

叫　板

公孙弘的这个功夫让不少大臣吃尽了苦头，但是大多数人敢怒而不敢言，毕竟皇上都没说什么。

你公孙弘不就年纪大点嘛，不就长得帅点嘛，不就懂点法律嘛，不就学过点儒学嘛。

发出这四个大大的"嘛"的人就是汲黯，这个人在刘彻政府中担任主爵都尉一职，是个有名的刺头，他的刺往往是向着那些在朝中不干正事，不可一世的高官侯爵的。

当年王太后的弟弟田蚡当丞相的时候，为人骄横，目空一切，大臣们给他的拜礼他也多数不回。也罢，谁让人家是太后的弟弟，皇帝的舅舅呢？但汲黯不管，看不惯就是看不惯，所以，每次见到田蚡的时候，汲黯只是见而不拜。

即使是皇帝的亲戚我看不惯也要指点指点，更何况你这个啥靠山也没有的公孙弘呢！汲黯早就看不惯这个老家伙的虚伪嘴脸了。

一次朝堂之上，公孙弘刚演讲完，汲黯乘机将了他一军：这个公孙大人，嘴里一句实话都没有，在朝会之前和我们说的好好的，大家意见也都一致了，但一到了这朝堂之上，立刻出尔反尔，这也太不忠诚了。

汲黯这番话，无疑是在朝堂之上丢下了一颗重磅炸弹，借着炮台，狠狠地对着公孙弘，随时准备引爆。

众大臣齐刷刷投来支持的目光，仿佛各路人马齐聚汲黯的麾下，伫立在炮台旁等着看公孙弘的老城池炸开花。

汲黯等待着，群臣等待着，刘彻也等待着。

姜还是老的辣。七十多岁可不是白活的。

公孙弘出奇地冷静，没有反驳，只说了一句："夫知臣者以臣为忠，不知臣者以臣为不忠。"

意思就是了解我的人认为我忠诚，不了解我的人认为我不忠诚。在皇帝面前，辩解再多，还不如引经据典一句话，"知我者谓我心忧，不知我者谓我何求"，稍加改换，合情合境，又明了心迹。刘彻爱文，就投其所好；皇帝重忠，就推心置腹。

刘彻最终没有为难公孙弘。那颗炸弹也成了哑炮。

但是汲黯哪会这么轻易就放弃拆穿这个老狐狸的努力。上次他是找到了鸡蛋上的缝，这次他可挑出了鸡蛋里的骨头了。故事情景同样是在朝堂之上，众目睽睽之下。

公孙弘这个人是出了名的节俭，虽然位列三公之一，年薪也丰厚，但是平常做派非常穷酸。汲黯就拿这个说话了，你公孙弘每年拿的俸禄比谁都多，但平时装得比谁都穷，盖的被子还是布被子，让人知道了还以为朝廷拖欠你俸禄呢，我汲黯可不认为你这是节俭，明明就是装样子，伪君子。

刘彻一听，眼神微微一暗，心里的疑虑有点抬头了。老都老了，还亏待自己，难道另有所谋？观众一般是没有主见的，主见一般是身边人给引

历史原来这么有趣·汉朝卷——汉武大帝刘彻

导出来的。可见交的朋友，看的书是何等重要。

满朝文武都肃静了，大家都毕恭毕敬等着看好戏。

公孙弘还是一副老样子，说：汲黯说得没错，看来在九卿之中，还是汲黯最了解我。我虽然是高官，俸禄拿得也不少，盖的却是布被子，确实是我有所图。我图的就是一个清廉的美名。但是这些和尽忠辅佐皇上又有什么必然的联系呢？前人管仲豪宅不少于三处，平时的做派更是可以和他主子相比，但是他仍然辅佐齐宣王成就了一代霸业。前人晏婴饭桌上从来就不多吃肉，他老婆穿的衣服也和平民百姓一样，但最后还是成为一代良相。

所以说，臣子的生活水平与能不能辅佐好皇帝并没有直接联系。

最后，公孙弘还不忘反客为主，极力赞赏汲黯的忠诚。这样一来，反倒使汲黯显得斤斤计较没有气度了。汲黯输得心服口服。

人言可畏，公孙弘活了这么久也知道这个道理。所以这次可不能像第一次一样轻描淡写地一句话给自己解围了。这次必须来次重击，毕其功于一役，彻底灭了汲黯的气焰。免得下次又让他将一军，行得端，做得正也抵不住说三道四啊，三人成虎，众口铄金，皇帝也会有疑虑。

这次成功的辩解当然得到了刘彻的理解，一方面将心比心，落落大方地承认自己沽名钓誉，除此别无他求。当年秦将王翦不就是靠这个伎俩保住了自己的命吗？王翦出征楚军之前，连续五次向秦王讨要封赏，为的只是消除秦王戒心，以为自己除了金钱别无所求。

另一方面引经据典，将心比心地表明自己能辅佐好皇帝的决心。举管仲晏婴的例子，二人作风截然不同，收效却异曲同工，史实难驳啊。

今见公孙弘如此，感叹学好文史是多么重要！

刘彻当然买他的账。

不仅刘彻买他的账，汲黯也买。经过这两次近距离的过招，汲黯深刻了解到公孙弘的功力，和这样一个人同朝为臣汲黯要学的东西还有很多。

汲黯已经明白，公孙弘笑脸如花的外表下藏着和他年龄一样多的谋略。

一个阴险的人对你笑，这就是最大的危险。

这个时候，和汲黯一样感到危险的人还有一个，这个人就是主父偃。

这个主父偃又是什么样的一个人？

权力的蛋糕

这个时候的公孙弘凭着老谋深算已经当上了御史大夫，而同一时期主父偃却仅仅是个郎中。

这个郎中是汉代的一种官职。官职不高，但人才辈出。举几个绝不陌生的名字：樊哙、灌婴、韩信。

主父偃偶尔跟皇帝刘彻上个奏、打个照面倒也算是正常的事儿，毕竟做事需对皇帝负责。但官位悬殊，这小小的郎中主父偃又是如何入了公孙弘的眼，成了他眼里的一根刺呢？

这恩怨原来是因为设立朔方郡一事引起的。

公元前 127 年，卫青在和匈奴的战争中取得了前所未有的胜利，也正是因为这一仗，水草丰美的河套地区划入大汉的版图，这里曾经是匈奴部队的大后方。主父偃因此提出一个大胆的建议，在河套地区设立一个地方郡，如果大汉能在这一带发展农业，那么以后在和匈奴的战争中就不用再千里迢迢地从内地运送粮食了，这既节省了时间，又节省了金钱。

这么一个慷慨激昂的大胆设想立刻引起了刘彻的兴趣，马上抛给大臣们朝议。

经过一番炸开了锅的品评，这个设想最终被大臣们定义为中听不中用。其中反对最为强烈的就是公孙弘，他的理由是当年秦朝调动三十万人建筑郡城都没有成功，我们为什么要重蹈覆辙呢？

懂历史的人都知道，公孙弘的这句话完全无根据。秦朝在河套已经建立了九州郡。以公孙弘的学识，况且他追溯秦朝的历史比我们后人追溯起来可短得多，我们都知道的史实难道他会不知道？有道是兔子急了也要咬人，这只老狐狸着了急难免会信口雌黄。

你们反对归反对，刘彻最终还是同意了这个大胆的设想。这是难得的多数服从少数的案例，也是极少的刘彻违背公孙弘的意见的表态。

朝堂之下，一个老朽深沉的咒怨也开始发作，虽然毫无声响，但力量却异常强大。

起点儿争执，原本也不是什么大不了的事。都是为了公事。可在小心眼的有文化的流氓眼里，我的是我的，你的也是我的，你们所有人的都是我的——公事是可以变成私事的。好你个主父偃，抢尽我风头！

没错，就因为被抢了风头。

还记得董仲舒被派给胶西王刘端做国相时不是提到的一个人吗？对，那个人就是公孙弘。董仲舒自从上了"天人三策"之后，公孙弘心里就犯嘀咕了。他嘀咕什么呢？原来公孙弘明白董仲舒之才学远在自己之上，平日里也不正眼相待，如果他留在朝廷日后必然会成为自己的心腹大患。于是公孙弘琢磨着把他干掉。怎么干掉呢？他向汉武帝推荐董仲舒去胶西国做国相。因为这胶西王刘端凶狠残暴，正好借刀杀人。可人算不如天算，刘端对其他人都狠，唯独对这个董仲舒礼让三分。董仲舒幸免于难，但也深知自己的处境，所以没多久就辞职了。

董仲舒侥幸躲过了一劫，但这主父偃就没那么幸运了。

朔方郡一事之后，刘彻对主父偃倍加恩宠，有什么大事都找他商量。

和皇帝亲近的次数越多，主父偃越了解刘彻的想法，于是一个为刘彻量身打造的重大方案被提出来了。

古代的诸侯国方圆最大也不过百里，控制起来非常容易，但是今天大汉的诸侯国动不动就是城池几十座，土地几千里。

这么大的林子，有想法的鸟自然也多，一旦他们形成合力，一定会威胁到当今皇帝的统治。当然，这个问题先帝早已想到，但是手段过于强硬，操之过急，所以才会引发七王之乱。

当今的诸侯王，都是生育大户，兄弟和儿子动不动就有十几个，甚至几十个，但其中能世代得到封地的只有嫡长子。

所以，陛下何不下一道诏令，推广恩德，让那些有封地的诸侯们把自己的封地拿出来，分封给子孙。这样，封地这块大蛋糕就会让他们越分越小，但名义上却并没有减少他们的土地。

这个办法一定会得到那些没有封地的诸侯们的赞成，而且那些有实力和中央对抗的诸侯们在分完封地之后力量也被削弱了。这就是雨露均沾，化整为零。

主父偃这洋洋洒洒一大篇方案就是历史上著名的推恩令。主父偃四两拨千斤，将刘彻的一个心头大患就这样悄无声息地化解。

削藩令的直接结果就是制造出了很多地主。藩王变封王，封王变地主，变成地主，刘彻也就放心了。

这个时候的公孙弘已经是三公之首的丞相了，这位平民丞相最终还是走到了荣耀的顶峰，然而年华的逝去一点都磨灭不了这个老叟的心思，公孙弘的野心和他的年龄一样疯长。

木秀于林，风必摧之。主父偃现在彻彻底底是棵大树了，悄然无形、无孔不入的风当然就是公孙弘了。

别看公孙弘垂垂老矣，他的心理年龄可一点儿不老。与年轻人一样争强好胜。

接连两次，主父偃狠狠地踩在了公孙弘的头上。虽然事实并非如此，但公孙弘眼里看到的就是这样一种情形。

公孙弘灵敏的嗅觉，如鲨鱼般，感觉到了远处蔓延而来的血腥味儿。

从以上几件事可以看出，主父偃是很有才华的，但是我们对他的人品也没有加以评价，因为他这个人真的是让人很难评价，这个人就是人不老实，但能办事的那种类型。总的来说性价比还是很高的。

主父偃这个时候可以说是汉武帝眼前的红人，从郎中一直做到中大夫。想要巴结他的人不在少数，送的礼也自然不在少数，这个主父偃也是来者不拒，照单全收。

历史证明，狗狂有屎，人狂有事。

这个困顿了大半生的主父偃一心想着要摆脱自己的坏运气。想要让子孙永远高官厚禄，那么最好的办法就是攀龙附凤。

主父偃帮女儿看上了齐国的国王，于是派人到齐国试探这门亲事，但被齐国纪太后拒绝了。人家齐国太后不给他们好脸看其实是正常的，虽然你是朝廷重臣，但这种要求未免太狂妄了。我这自家还有好多事呢，你主父偃跟着添什么乱？

这齐国太后愁什么呢？原来，齐厉王的母亲纪太后为了让老纪家世代受宠，就想把自己弟弟的女儿，也就是齐厉王的表妹嫁给齐厉王。但是齐厉王偏偏不喜欢这个表妹。没有办法，纪太后只得派出自己的女儿也就是齐厉王的姐姐去给他整顿后宫，说是整顿，其实也就是不让其他的女人接近齐厉王，让纪太后的侄女专宠。

家门不幸，这整来整去竟让纪太后的两个亲生骨肉在她眼皮子底下行起了不伦之事。

主父偃还没打正拳呢，只是找人探下口风就落得如此狼狈，当然是怀恨在心。官越做越大，心越长越小。

本来，齐国后宫现在已经是乌烟瘴气，多少人躲都来不及，你主父偃的女儿没掉进火坑那不是好事？可主父偃气憋在心里，哪有心思去思量这事。于是关于齐国的各种流言蜚语拌着主父偃的"油盐醋酱"传到了刘彻的耳朵里。对了，主父偃顺便把那亲姐弟的故事也当作了饭后的"茶点"一并端过去了。

这还了得，在朕的眼皮底下都这么嚣张！主父偃，朕命你为齐国的国相去调查此事。

来到齐国，主父偃立刻审讯齐国后宫的宦官。很快宦官就全招供了，生死关头也顾不了那么许多了，宦官们把责任全推给了齐厉王。

这个齐厉王早就因为那档子事无地自容，每天把自己关在屋内，当下又来这么一出。终于熬不住，在一个月黑风高的晚上，用一碗毒药解脱了自己。

这个齐厉王，在位仅仅五年，连继位的后人都没有就先走一步了。最后朝廷只得撤销了齐国，齐国从此划为中央政府辖区。

一个好端端的齐国就因为主父偃的一句话就没了。

"一言丧邦"就是这么来的。

成语有这样的好处，可以把一切复杂的故事做一个高度的概括，去掉细枝末节，留下一个光秃秃的主干。

主父偃这次是真解了气，和他一起高兴的还有他的老仇人公孙弘。

公孙弘为什么高兴？

原来这就是那个漂来血腥味儿的地方，公孙弘要张开血盆大口了。

主父偃告状的事迹不只这一件，在早先主父偃游学燕赵之地的时候，受过非常多的冷遇。他富贵之后的第一件事就是揭发燕王刘定国的乱伦之事，也正是这次揭发，让燕王结束了自己的生命。

燕王、齐王，都在主父偃的进言中死去了，这让同样有乱伦丑闻的赵王非常害怕。

先下手为强！于是赵王上书刘彻，说告发主父偃两大罪状。

第一，大量接受诸侯国的贿赂。

第二，假公济私，报复齐王。

接到举报，刘彻立刻抓捕了主父偃。主父偃本来就是爱财之人，所以，他当即就承认了接受诸侯王的贿赂，但是陷害齐王的事情他坚决否认。

这个时候公孙弘也露出他锋利的牙齿。

这个老头知道，眼下被关的这个人可是深得刘彻信任的人，说白了就是要能力有能力，要后台有后台，所以想要扳倒他，必须想出一个十分精准的理由，这次是绝好的机会。

公孙弘来到刘彻面前，语速缓慢但句句有力地对刘彻说：陛下啊，齐王自杀，没有继承人，齐国也被废除了，主父偃是导致这一切的元凶啊，陛下如果不杀他，没法给天下人一个交代啊。

一提天下人，这砝码就是重啊。刘彻心里的天平立刻就失衡了。况且这公孙弘又深得刘彻的宠信。一代明君，最终还是玩不过一个公孙弘。姜还真是老的辣！

最终，主父偃的脑袋被摘了下来。

这场较量已经盛大落幕，但其中两个人的眉眼让我们看得越发清晰，这两个人就是公孙弘和刘彻。

公孙弘自不必说。为什么我说看清了刘彻，在此次的杀人事件中，我们也看到了刘彻的冷酷。

刘彻是此案最终拍板的人，我无法体味当时刘彻的心情，不知道他有没有想过主父偃为中央提出的推恩之策，有没有想过这个即将死去的人让他真正地把大汉的权力握在手中。刘彻本可以认真彻查这件事情的，但刘彻没有。

为什么没有？因为他冷酷。不过这是根本原因，还有个更重要的直接原因，那就是诸侯王的压力。其实，给天下臣民一个交代，天下臣民闲言碎语地说几句只是小事情。而这么多诸侯王自杀的自杀，被举报的被举报，这才是大舆论，可以直接变成反动势力的大舆论。

伴君如伴虎！自古帝王从来没有真正爱护臣子的。这些臣子也和那些女人一样，曾经的宠爱在江山权力的冷酷中越发模糊了，该杀就杀。

感情这东西从来就不是帝王能玩的，项羽当年动了感情就没了江山。

主父偃是死去了，但他那神奇的蛋糕分法让刘彻的权力落入旁人手中的可能性越来越小。

刘彻很快就会忘记主父偃。

而公孙弘眼前居然闪过那可耻可笑的两个字：退隐。

第七章　钱是好东西

钱的事儿

政治上没有什么大风浪了，那就可以暂时安心地整整经济了。刘彻这会儿要开始想钱的事儿了。

战国时期的吕不韦，从一个从事"国际贸易"的跨国公司老板到一个位高权重的秦国国相，恰恰说明了那些握有经济大权的大商人才能有干预国政的能力和实力。"商而优则仕"是当时金融圈和政治圈的共同遵守真理。

如果说商人的黄金时代是在战国时期，那么汉朝就是商人的黑色时代。

商人干政的现象在汉朝初期基本上就是回音的最后一声了。

汉朝初期物质匮乏，流通受阻，而商人却大肆囤积居奇，牟取暴利，导致物价上涨，人心动摇，年轻的大汉朝面临着空前的危机。当时的刘邦甚至为自己的车子找不到四匹一样大小的牛，而当时的商人骑的却是高头大马。

刘邦自然不能容忍这样的羞辱，同时也因为学识有限，自然想不到什么金融办法来扼制他们。所以他实行的就是小人压榨法，压榨了之后，就粗暴地规定商人不得"衣丝乘车"，商人的孩子不能读书，不能当官，甚至子女通婚也要受到严格限制。这种仇富心理差点导致整个商人阶级的崩溃。

刘邦这种粗暴的行政干预是没有任何技术含量的，完全是权对钱的绝对压榨。

到了刘彻这里，情况就不一样了，开刀的对象还是商人，可这主刀大夫的手艺是非常精良的。

刘彻有一个非同寻常的智囊团——领头的这个人叫桑弘羊，商人出身。他简直可以称作是史上最为高明的搜刮能手，野蛮的掠夺行为神不知鬼不觉地被披上了合法的外衣。

最让商人恐惧的政策恰恰出自商人之手。以敌制敌，知己知彼。这样一种情形着实令人对接下来商人的命运担忧。

刘彻在一连串的组合拳之后，商人们晕了，他们很快就明白了一个残酷的现实：在汉朝做一个商人是多么悲哀的一件事！

商人的噩梦

干一件事，首先要考虑的就是钱的问题——土豪随意，但皇帝可不能随意。

对于匈奴，刘彻是放长线钓大鱼，可这鱼线的造价实在不低。

汉朝的农民辛辛苦苦种出粮食，被匈奴连人带马抢掠一番，全喝西北风去了。可匈奴最爱干这种损人利己、完了看大戏的事，汉朝的农耕生产因此受到严重的威胁。

刘彻不再姑息，养马练兵，跟匈奴斗了四十多年，最终打得他们乖乖臣服。结局是美好的，可这过程是痛苦的。开战就有损失，开战就是花钱啊！

刘彻俯瞰汉朝子民，这军费从谁身上挤呢？

刘彻犀利的凶光划过商人泛光的脸。

《汉书·食货志》记载：元光六年（公元前129年），刘彻向还沐浴在"休养生息"这个澡盆子里的商人们"大开杀戒"了。

首先，我国最早的"车船税"登场了。如果你是官吏、三老、骑士，那你愿意开多少辆车就开多少辆车；如果你是一般平民百姓，那就每辆车交120钱的税；特别注意：如果你是商人，那么对不起了，每辆车得交240钱的税。

另外船只，凡是拥有五只以上的，每只纳税 120 钱。这针对的还不是商人？你说一户普通人家会在家门口泊五只船吗？

商人是干什么的？是南倒北买，把东边的货物买卖到西边去，赚的就是个折腾钱。这折腾的工具当然就是马车和船只。不用这些，商人还怎么赚钱啊。没办法，交税就交税吧，赚得少总好过没得赚。

所以，刘彻靠这么一招，就在车船上征集了大量的税收。

元狩四年（公元前 119 年），刘彻有能力也有资本发动远征匈奴的战争了，这一战击溃了匈奴左贤王的主力。

当时汉朝 14 万马匹出塞，回来时仅仅剩下 3 万匹。仅此一点，足以证明打仗真的是烧钱。

自己仓库的钱烧完了，别人仓库的钱还在。这别人，说到底还是自己人。谁让自己是天子呢？

于是刘彻又向商人开口了——"缗钱税"。缗就是贯钱的丝绳，一千钱为一贯。这个税要求商人向政府如实呈报财产，官府查验后，按率征税。手工业者财产每 4 000 钱抽取一算；而商人和高利贷者则每 2 000 钱抽取一算，一算即 120 钱。

征税期间，如果遇到不老实的偷税漏税行为，基本上和现在死刑判决书的中一句等同，判处某某死刑，没收其全部财产，剥夺政治权利终身。

刘彻发动群众的功夫是不错的，当时有一个"告缗"制度，凡是告发不如实申报财产的举报人，查实后奖给告发者一半。

重赏之下，必有勇夫。刘彻的财产验收官也许有打盹的时候，可是人民群众的眼睛却时刻擦亮着。

刘彻找到了生财之道，于是，这项征税运动愈演愈烈，征税范围由原先以现钱和车船为主扩大到包括田宅、畜产、奴婢在内的一切财产。值钱和不值钱的财产统统都要折合成一定的现钱做纳税的基数。前述那些擦亮眼睛举报偷税漏税的良民慢慢发现，他们告的人不是他们的三舅，就是他们的大姨。收税对象由最初的"只为商贾居货者设"，扩大到"凡民有蓄积者，皆为有司所隐度矣，不但商贾末作也。"（《汉书·食货志下》）

这项疯狂的敛财运动虽然增加了政府的收入，打击了大商人，但从另外一个方面也阻碍了私营工商业的发展。

刘彻的金算盘

一个帝王从来就不是专攻某个专业的，你看那个专攻文学的南唐后主，文章写得很好，可是治国就差了点。

刘彻的税收方法侧重于有钱出钱的原则，凡是商人可以发大财的生意，一律由官办经营，例如开矿、冶金、煮盐、酿酒，其他的行业也要抽营业税。最厉害的是财产税，不管是动产或不动产，概由业主报价照抽。

刘彻自然也不是学经济的。但他的背后有一个人精通经济，也正是这个人，掌管着此时汉朝的算盘。

这个人就是桑弘羊，也就是前面提到的那个智囊团的首脑人物。

桑弘羊，洛阳人，出身商人家庭，自幼有心算才能，13岁入侍宫中。自元狩三年(公元前120年)起，一直到刘彻去世，历任大司农中丞、大司农、御史大夫等重要职务，与担任大农丞的大盐商东郭咸阳、大冶铁商孔仅二人深得武帝宠信。

元狩年间以后，在桑弘羊的参与和主持下，汉朝先后实行了盐、铁、酒官营，均输、平准、算缗、告缗，统一铸币等经济政策。此外，还组织了60万人屯田戍边，防御匈奴。这些措施都在不同程度上取得了成功，暂时缓解了经济危机，史称当时"民不益赋而天下用饶"。

一方水土养育一方人，桑弘羊能成为经济专家，这与他的家庭和故乡是紧密相连的。战国时期，经商已经成为洛阳人的重要职业。一些人经商致富后，就参与政治活动。当时的洛阳早在周朝就是一个军事和政治重镇。周朝征服殷商后，把俘虏的殷人都称作"顽民"。这个叫法可不是什么光荣称号，不是顽皮的人民，而是顽固不化的刁民。

这些人不但被强制安上了绰号，而且他们还没有参加政治活动的权利，于是大多数人就下海经商了。

商人是最富冒险精神的一个阶级，这点无可否认，在商人光景日渐萧条的时候，偶尔蹦出那么一两个商人，着实让人吓一大跳。

桑弘羊的家庭就是当时洛阳很富有的大商人世家，他小小年纪就能做刘彻的侍中实在是不可思议。侍中是一种加官，从大到列侯、将军、卿、大夫，下到太医、郎中，都可以加官为侍中。当了侍中，就意味着你可以经常出入禁宫，接近皇帝，所以这个特殊的官职一直非常热门。

不过，桑弘羊得到这个职位是花了不少银子的。

买卖一

桑弘羊从十三岁作侍中，一直到三十九岁出任大农丞，其间经历了二十六年。

这期间，由于汉武帝大规模地对匈奴用兵，文景之治攒下的那点家当也很快被用光了，汉朝面临着严重的财政赤字。元狩三年（公元前120年），主要负责财政的大农令为了弥补财政的亏空，向刘彻推荐了山东的大盐商东郭咸阳和河南南阳的大冶铁商孔仅，担任大农丞。

以敌制敌，这招最狠，刘彻利用他们经商的经验和技术，把赚钱的买卖全部收归朝廷。

桑弘羊这个时候已经是三十四岁了，由于他很善于计算经济问题，刘彻让他帮助东郭咸阳估算研究盐铁官营的细则。

对于汉朝，这可是个大动作，整整耗时一年之久，细则的内容主要是将原来私营的盐铁划归朝廷管理，由国家完全垄断盐铁的生产，不许私人经营。

这个霸道的计划很快就得到了刘彻的批准，他很快就设立了盐铁官营的机构，好多大商人也乘机改行做官了——原来经营盐铁生产的商人为各地官营盐铁的主管官。这项政策在经济上是取得很大成效的。

上行下不效，刘彻是没有办法的，由于地方的某些盐铁官吏的不良行径，以及大规模统一生产经营中必然会出现的问题，以致在盐铁官营之后，对农民也产生了很多不利的影响。如政府为了增加收入，对盐铁的销价定得太高，而质量却跟不上。

三年之后，孔仅升任为大农令，桑弘羊也被提拔为大农丞。大农令是封建政府的财神爷，也就是掌管财政的最高官员，大农丞是他的主要助手。也就是从这个时候开始，桑弘羊在理财上显示出了他的突出才干，刘彻也越来越喜欢这个金算盘。

盐的生产，是由当时的汉朝政府自备资金，盐官供给煮盐的人工具和粮食，在盐官的监督下将煮成的盐全部售给国家，然后再由国家出售给人民，个人不得私售。简单点说就是生产的时候是公私联营，销售的时候是国家统一购销。

铁的生产，是在郡国出铁处设铁官进行生产，就算郡国流出再多的铁最终核数的还是中央政府，铁的生产和销售完全由汉朝中央进行控制。因为铁的冶炼不但技术比煮盐要复杂得多，而且成本和规模也比制盐要大，所以它主要采取国家经营的方式。

买卖二

政府不仅把手深入垄断行业，当时就连地方郡国定期贡纳实物都要折现，这就是桑弘羊主张的均输法。

就是各郡国每年上交中央的贡品，都要按照当地的市价，折合成当地出产的产品，这些产品交给国家之后，由均输官统一调运到缺乏这些产品的地区出售。这样不但各郡国不用为了贡物而派人四处采购物品了，而且中央政府也做起了东采西卖的差价买卖，从中获得了很丰厚的利润。

这个利于四方的政策，不仅增加了政府收入，减少了地方政府的麻烦，也减轻了百姓的负担，同时打击了商人牟取暴利的行为，一举四得。

买卖三

在汉朝初年，买东西是一件爽快的事，但却不是一件潇洒的事。倘若你要埋单走人的时候，"哗啦啦"掏出的一定是一批大小不同，轻重不一的钱币，这可没有我们现在齐刷刷的人民币用得潇洒。

这是因为汉朝初年，国家对钱币的铸造采取放任的政策。当时不但钱的大小、轻重不一，而且钱币的重量与实际重量相差悬殊，因此很多人做起了做假币的营生，影响了货币的正常流通并导致通货膨胀。到了汉文帝五年的时候，政府更是撤除了禁止私人铸钱的命令，放任大家自由铸钱，因而币制更加混乱。一些豪强和大商人，常常在铜内混入乱七八糟的金属来牟取暴利。

当时社会因为钱币面值问题发生的刑事案件不在少数。

汉武帝为了整顿财政，曾在元狩四年（公元前119年）整顿过一次币制，但效果并不理想。当时一共造了三种货币。

第一种是皮币，就是用禁苑里养的白鹿皮制成，每个一尺见方，上面还绣上五彩花纹，每个值四十万钱，这种钱由于材质和面值的原因，范围基本上只在上层贵族中流通和使用。

第二种是白金，这是用库存的银、锡制作的合金币，分值钱三千、五百和三百三种。

第三种是官销半两钱，改铸三铢钱。

粗略一看，还真吓一跳，倘若换到现在，消费真的就成为一场噩梦了。

首先说钱币的价值相差悬殊，四十万后面就是几千，要是哪天没带零钱用四十万钱买了一个几百钱的东西，那得折腾多长时间啊。

再说就是这个方案施行得不好，面值相差如此悬殊，几十万面额之后就是几千面额钱币的种类，五花八门，汉朝人钱包都得准备得不能重样。

这中看不中用的花拳绣腿很快就在人民的怨声载道中遭到了淘汰。

还有一个原因就是当时汉朝的各个郡国还有造钱的权力，那个时候一个小小的郡国出手比刘彻大方的事件多了去了，这其中的原因不难猜测，经济上自成一统，说句贴切的话，挖个坑，往进灌铜水就能造银子。

元鼎四年（公元前113年），为了彻底整顿乱七八糟的货币，刘彻采纳了桑弘羊的意见。

桑弘羊的意见主要是：取消郡国铸钱的权力，全部收归国有，由中央政府一手掌管，各个郡国把所铸的旧钱销毁，把铜送到中央；废除过去铸的一切钱币，而以上林三官铸的五铢钱为全国唯一通行的货币。这说明造钱成了政府的事，不管是王公贵族还是平头百姓，在消费生活中都和朝廷直接产生了千丝万缕的联系，这一有联系也就必然有了牵制，有了牵制就有了控制。刘彻这才恍然大悟，经济决定政治啊。

这次的币制改革无疑是非常成功的，从此那种粗制滥造的劣质钱币就退出了市场，这样不但增加了汉朝的财政收入，而且也稳定了市场和货币流通。汉朝的统治得到了彻底巩固。

当时的社会环境下，人民中不乏刁民，商人中不乏奸商。

为什么这次汉朝说禁止私人铸币就能禁止呢？

原来这次货币改革找到了问题的症结所在。

其一，将全国的铜材集中到中央，铸币的原料都是由上林三官统一调拨，巧妇难为无米之炊，那些不法铸币的人总不能改用石头造钱吧。

其二，价格标准与重量标准一致，这次所铸的三官五铢钱，实际重量也是五铢，不像以前连钱币都缺斤短两，这样自然就减少了货币毁销改铸的弊病，这应该怎么理解呢？

汉代的铜钱是由国家法定而具有固定的重量与形状，在进行交换时是以计数（枚）为单位的。由于铜钱是以数量为计算单位，因而重钱与轻钱在流通中具有相等的价值，这也就成为盗铸者将重钱私销改铸的根本原因。当铜钱的名义重量与实际重量不一致时，货币盗铸者就会将重钱私自熔销，改铸成轻钱。

其三，铸币技术提高了，铸造的工序比较复杂，就像现在的钱币多了很多道防伪工序，所以盗铸者造起来比较困难。

这次币制改革是汉朝的一次创举，此次露脸的五铢钱一直流通至隋朝七百余年而通行不废。这和桑弘羊这个金算盘的经济思想是分不开的。

盐铁、均输、货币政策，这是桑弘羊打理汉朝账本的三种比较突出的做法。这就解决了刘彻在经济上的忧虑，在连年对外进行大规模战争的情况下，国家的财政开支急剧增加。桑弘羊此时担任国家的主要财政负责人，他能在不太多地增加农民负担的情况下，满足刘彻庞大的财政需求，确实是一大功劳。也就是这个原因，桑弘羊一直被刘彻看作是大汉的"财神爷"，深得刘彻的信任。

史家评曰："如桑弘羊者不可少也。"

卖官攒钱

由于汉朝政府在国民经济盈收的环节无孔不入，桑弘羊的建议几乎把能赚钱的买卖都划给国家了，政府俨然成了汉朝最大的商人。

当时的社会里最能吸钱的行业已经统统把持在政府的手中了，但是，刘彻还想要从商人手里抠钱，不，准确点说，刘彻还想从有钱人手里抠钱。

这个时候商人的处境是非常艰难的，出于本能，一些商人在积极地寻找新的市场，但大多数商人只得把大量钱财雪藏起来，商业术语叫"窖藏"，主要是指商人把最能体现商业资本价值、单位价值较高的金属货币等，从生产、流通领域中抽取并封存起来。《汉书·食货志》所载的"富人藏钱满室，犹无厌足"。可想而知，刘彻虽然制定了很多盘剥商人利益的政策，但是商人多年的家当还不是那么容易就能破产的，所谓"瘦死的骆驼比马大"。

所以，刘彻丢出了一块大诱饵，等着有钱人上钩。

这诱饵就是官爵。

想到这个办法的人还是桑弘羊，至今说起这位理财天才，人们记住最多的还是均输法和卖官。人们还会说，他因前者而名垂青史，因后者而遗臭万年。

不论是谁，凡是想当官的，或者是犯了罪希望得到开释的，只要将粮食交到粮仓，就可以得官或免罪。官职的大小根据所交粮食的多少来确定。如交六百石粮食的可做郎官，交得更多还可终身免除赋税徭役。

不过你不能就此定论汉朝一切官员都满身铜臭，买卖的官职都是特选官职，况且刘彻用人的最大特点还是唯才是举、不拘一格。

如卫青、霍去病分别是从奴仆和奴仆私生子中选拔出来的；而丞相公孙弘也是从贫苦人民中选拔上来的；尤其值得注意的是汉武帝任用的一些将军有的竟是越人、匈奴人。

这些情况说明刘彻选拔人才是不受阶级出身与民族差别限制的，他的用人标准就是"不管黑猫白猫，能捉到老鼠就是好猫"。

刘彻时期的人才济济和景帝时期的人才匮乏相比真是天壤之别。怪不得班固说："汉之得人，于斯为盛！"

这项政策施行一年之内，国家粮仓都装满了粮食。不用给老百姓增加赋税，国家的财政收入即飞速增加，一切开支都有了剩余。

桑弘羊的这个办法固然增加了国家收入，但另一方面，却混淆了是非，助长了买官之弊，保护了犯罪之恶，伤害了善良百姓。

汉朝的许多政策都是为了增加国家财政，筹措军饷、赈灾等，这些也都是因为国库空缺不得已而为之。

说句实话，就是卖官汉朝也是公开进行的，收入也是全部归为国有，只要有钱，你想捐个官当也是平等对待，可谓机会平等，买了官职，皇帝发个圣旨或"执照"，说明你是捐了款才当上这个官的。这个必须要区别对待。

历史原来这么有趣·汉朝卷——汉武大帝刘彻

第八章 风波再起

酷毙的酷吏

我一直认为没有什么真正意义上的酷吏，所谓酷吏不过就是当权者的御用黑脸罢了。真正有脾气的人在宦海中是找不出来的。要找你得上土匪窝里去找，何况这些土匪的脾气也是被逼出来的。

所以，酷吏依循的并不是法律，而是帝王的脾气。

哪来那么多有脾气的？

汉朝的酷吏的酷法是不带重样儿的。郅都的酷法前面我们已经领教过，现在刘彻时期也有这么一个酷吏，叫作张汤。

说起张汤大家可能还比较陌生，但说起前皇后陈阿娇那场宫廷巫蛊案就一定不会陌生。这个案件的负责人就是张汤。

汉朝的酷吏总的来说是有发展阶段的，最开始郅都的"酷"其实是一种为政手段，而张汤的"酷"是一种审案手段，力图株连他人就是他的一个鲜明特色。

对于阿娇事件，刘彻大为恼火。这时候，如果遇到一个不会办事的，一定会把阿娇往死里整，但这是刘彻的真实想法吗？

皇帝就是这样，有的时候心里有三分他却表现十分，有的时候心里有十分他只表现三分。

到底是几分，得由大臣去猜。

阿娇虽然犯了刘彻的忌讳，但毕竟夫妻一场，而且还是从小一起玩到大的亲表姐，刘彻在愤怒中其实有网开一面的意思。

就是这不经意流露出来的慈悲被张汤捕捉到了，所以后来出现了一个很奇怪的结果：主事的阿娇活得好好的，其他旁枝末节能株连的全部株连。

这次疯狂的株连事件致使长安许多豪门贵族从此销声匿迹。

张汤也因为这件事情遂了刘彻的心思而被刘彻称为能臣，后来被提拔为太中大夫。

从这件事可以看出，张汤的本事是一流的。他深知，刘彻传的是儒，用的是法。在这一点上，他和公孙弘都看得很清楚。

实践是检验真理的唯一标准。

在实践摸索之中，张汤发现了一个屡试不爽的审案办法，那就是在道理上一定要攀上儒学，最好是在宣读审判书的时候直接引用四书五经中的经典。

这样审的案子，自然让刘彻非常高兴，知我者，张汤也。

到底是什么样的经历让张汤谙熟刘彻这一套呢？

这还要从张汤小的时候说起，先说一则故事——张汤审鼠。

这并不是一则童话故事，在张汤年幼的时候，一天，他的父亲出去办事，家里只留下年幼的张汤。父亲回来以后，发现家中的肉没有了，那个时候张汤家还属于草根阶层，伙食水平还不高，张汤的父亲认为是张汤偷了肉吃，立刻就把张汤打了一顿。

被冤枉的张汤也愤怒了，他立刻把这种愤怒转移到偷肉的真凶——老鼠身上，愤怒的张汤开始在家里找老鼠窝，挖开老鼠洞，找到了吃剩的肉。

这只老鼠没想到，张汤的父亲也没想到，幼小的张汤竟然组织了一个动物法庭。从拷问、记录，到宣布审判结果，最后当庭定案，判老鼠五马分尸。整个程序井然有序，就像是经过专业训练。

张汤的父亲在看了这一切之后，当即就给儿子选好了未来的发展道路。

长大后的张汤继承父职，当了长安吏。

这段时期，张汤遇到了他的贵人，开启了他的仕途之门。

这个贵人就是田胜，武安侯田蚡的弟弟，说来也是刘彻的舅舅。田胜有一次犯了事被拘押在长安，张汤打听到了他的背景，不但没有重罚他，反而竭力讨好他。田胜释放后，被封为侯，不忘旧情，引张汤遍见贵族。后又将他引荐给丞相，调任为茂陵尉，主持刘彻陵墓的修建工作。

后来田蚡当上了丞相，亟须培植自己的力量，于是张汤很快就得到了田蚡的提拔，又被推荐给汉武帝刘彻，进入了最高权力的中枢。

听着张汤的故事，不免有点伤感，这么一个倔强、聪明的孩子似乎是越大越变样了。从他当年审鼠的架势来看，他似乎能成为汉朝一代青天，但张汤选择了另一种审案方式，与其说是审案方式，不如说是生存方式。

张汤审案是非常有自己特色的，因为先前曾发现一种模式的好处，张汤似乎就爱上了用模式审案的方法，一件案件呈上来的时候，最先面对的并不是法律的标准，而是张汤的标准。

标准一，犯事的人如果是刘彻想严办的人，张汤就交给执法最为严酷的官员审理。

标准二，犯事的人如果是刘彻只想小惩一下的人，张汤就交给执法宽松的人去审理。

标准三，犯事的人如果是豪强，张汤一定会往死里整他，因为他知道，刘彻最讨厌这种人。

标准四，犯事的人如果是平头百姓，张汤往往都会网开一面，能放过的就放过，张汤也是从平头百姓过来的，这曾经的阶级情怀张汤还是有的。

这几个标准基本上都是按照刘彻的心思量身打造的，从张汤的升官速度上来看，这四个标准还是非常好用的。

甚至在张汤生病的时候，刘彻都亲自上门探望，假如仅凭断案迎合了刘彻的心思就能有这样的待遇，刘彻也未免太好糊弄了。

张汤不只一次地帮刘彻的忙。

对匈奴作战给汉朝带来了沉重的经济压力，财政危机让刘彻非常头疼。善于揣摩圣意的张汤很快看出了刘彻的心病，于是他力主财政改革，因为一改革，就必定能揪出很多贪官污吏。

一有贪官，就是酷吏上场的时候了。

大案一桩

说到这里，不得不牵扯出一桩汉朝时期的大案——一把剑引发的血案。

这个大案的主角就是淮南王刘安，事件的起因是他的宝贝儿子。

这个淮南王就是前述向太皇太后献书的刘安，刘安有一个儿子，他就是淮南王的世子刘迁。

公元前124年，刘迁学习舞剑，学了一段时间之后，便觉得自己是天下第一了。有一天，他听说父亲刘安身边有一个剑术高明的侍从——雷被，这个人被称作是淮南第一剑客。刘迁起了兴趣，一定要和这个淮南第一剑客过上几招。

雷被一听说自己被世子看上了，很是着急。行家一出手，便知有没有。雷被经常出入在淮南王身边，自然是看过刘迁的那几招剑法，刘迁的水平雷被心知肚明。

可到底是去还是不去呢？赢了呢，自己以后还要在人家手下做事。输了呢，实在是对不起自己淮南第一的名号。想来想去，雷被只有拒绝世子刘迁的挑战。

这下了热闹了！刘迁不干，没门！

于是一场早已胜负分明的比赛在雷被的百感交集中开始了。比赛中，雷被是处处退让，但还是不小心伤到了世子刘迁。

从此刘迁怀恨在心，再加上对雷被的嫉妒，日后对他处处为难，还不断在父亲淮南王面前说他的坏话。

后来，父子俩都把雷被当成了眼中钉，雷被也在淮南王府实在是没有立足之地了。

这个时候，恰逢刘彻对战匈奴征兵，刘彻下令，只要是愿意为国效力的人，都可以到长安来报名参军，地方政府一律不得阻拦。

这个淮南王刘安是汉高祖刘邦的亲孙子，论辈分比刘彻还高出一辈，所以，他对刘彻的这个规定不以为意，阻止雷被入京。

雷被就这样被晾着，得不到重用，也不允许被重用。最后他忍无可忍，偷偷进京投靠了新主子，顺便告发了旧主子。

这下可是急坏了淮南王刘安。

看看汉朝的法律，我们就知道刘安这么着急是有道理的，根据汉律，凡是阻挠执行天子命令的人，一律处死。

刘安现在这事说小就是小事，说大了那就是大事。

依雷被这架势，分明就是把这事往大里说的。

刘安正在家里干着急，又听说河南郡要抓刘迁到洛阳受审。

这可是亲儿子啊，我百年之后还要等着他继位呢。这位急坏了的父亲立刻和自己王妃商量出了一个非常糟糕的办法。

一旦河南郡来抓儿子，就反了他的，只要刘彻派汉使来，我就一刀杀了他然后造反。

在先前的献书事件中，刘彻早就看不惯这个长辈了，刘彻建元新政的失败也是因为这个老家伙横插一脚。

今天落到我手里了，不会让你好过的。

但淮南王毕竟是刘彻的长辈，刘彻的速度也只能慢下来。

起先，刘彻也只是派一个中尉去例行公事一般盘查一番，刘安见来者态度不错，杀人的事情也就暂时放了一放。

刘彻朝中的大臣们都是一路看着刘彻走过来的，当初这个刘安在关键时候坏了刘彻的好事，刘彻会不厌恶他？于是朝中大臣的态度一边倒，要求处死淮南王。

虽然这就是刘彻的意思，但刘彻并没有立即做出这样的决定。因为他不愿背负一个同姓自相残杀的恶名。他不仅要把事做到，更要把事做好。

刘彻下令撤掉淮南王两个郡，这个惩罚只是意思意思。

但刘彻只是意思意思吗？了解刘彻的人都知道，刘彻是一个报复心极强的人，他会这么容易就放过淮南王吗？

原来这是一种"煮汤慢死法"。

淮南王没有想到刘彻会免他一死，这对于极度惊慌中的他来说当然是个惊喜。

谢主隆恩，吾皇万岁万岁万万岁。

平静过后，淮南王缓过神来了。

新仇旧恨涌上心头。淮南王越想越气，越气就越想。论资排辈我是高祖刘邦的亲孙子，而你是汉文帝的孙子，我在诸侯王中的地位最高，一生也是恪守黄老的"无为之道"。我招谁惹谁了，凭什么削掉我两个郡。一定要出口气。

极度的郁闷让刘安变得开始有点神经质了，他脑子里一天到晚想的都是造反的事，这个时候的刘安无异于当时自己的儿子刘迁，犯了一个最致命的错误，自以为是。

所以，给淮南王押注的人是零。

造反没造成，在自己的家里说说还不行？

不行！也就是这么一说，就又被千里之外的刘彻知道了。

原来这次告状的不是别人，正是刘安的亲孙子刘建。

这淮南老刘家唱的又是哪出呢？

原来这刘建的父亲刘不害是刘安的庶长子，但这个儿子在淮南王宫里非常不受欢迎。这刘不害也够窝囊，面对这种不公平的待遇，他吭都不吭一声。

但是刘不害的儿子刘建的性格和他父亲却大相径庭。

前几年，主父偃颁布了推恩令，刘建眼看着自己的好日子就要来了，但是刘安拒不执行刘彻的推恩令。

于是，家庭矛盾立刻上升到敌我矛盾。

刘建这次本来也只是想把世子刘迁扳倒，让自己的父亲当上世子，可不曾想，这一状却搭上了自己爷爷的性命。

叛乱狂想症

淮南王本来就天天神神叨叨想着造反，这下又让自己的孙子告了，看来不反也得反了。

淮南王刘安立刻找来了自己的谋臣伍被策划谋反。这伍被相传是伍子

历史原来这么有趣·汉朝卷——汉武大帝刘彻

胥的后人，当初淮南王招揽门客编写《淮南子》时，伍被因才华出众而列居首位。

伍被明白造反实在是不明智的选择，便劝刘安放弃这个想法，说当年伍子胥劝谏吴王夫差，但吴王没有听，反而轻信了越国及亲越小人的谗言，最终落得个亡国自杀的下场。

刘安非常生气，把伍被的父母投进监牢关了三个月。

后来刘安又找来伍被，问，如果像你说的那样，难道就没有侥幸成功的可能了？伍被看刘安是铁了心的要反，不得已给他出了一个主意——挑拨离间。

首先，伪造上奏文书，让豪强地主、遇赦犯人以及有钱人的家属全部充边到刚刚建立起来的朔方郡。这样一来百姓必然恐慌。

然后，伪造收捕诏书，逮捕各地诸侯的世子、幸臣。如此，诸侯怨恨。

接着，我们趁热打铁，派辩士去劝说众诸侯王谋反，这样也许就能侥幸成功了。

刘安点点头说：这个办法是可行的，但是我认为还不至于到这地步。说到底，刘安还是过于自信。他觉得自己一个人就能完成的事，不必东奔西走地去对别人费一番口舌。刘安的想法是——骗出兵权。

首先造假证，刻假章：皇帝玉玺、丞相大印、群臣官印，全套伪造。

然后安排内线到卫青和丞相公孙弘府中，一旦事发，立即动手。

接着伪造南越国派兵侵犯的假消息，借机派兵。

总体评价淮南王这个想法就是：章是假的，人是假的，理由也是假的。

伍被的计策就是要伪造秘密，并说破秘密，让全国人都知道（皇帝可以暂时不通知他）；刘安的计策则是制造秘密，并保全秘密，知道的人必须只能是自己。

我们都知道，比起保全一个秘密，说破一个秘密会更加容易。世上没有不透风的墙，终于刘安的秘密被揭露成了公开的秘密，事情就此败露。

刘彻派出的宗正还没到淮南国，刘安就拔剑自杀了。

原本伍被只是举个吴王的例子劝谏刘安，没想到一语成谶。这看着似乎挺有玄机，其实造成这种结局的就是伍被。伍被因为自己的计谋得不到肯定，又对刘安的计策不以为意，为了避免株连，就想着转做污点证人，对皇帝密报了这件事。不过说到底，他也是被逼无奈，因为在他之前，已经有门客雷被告状了。

淮南大案告一段落，后面的收尾工作就交给张汤了。对于伍被，刘彻认为他能文有功，本想刀下留人，放他一马，可是张汤进言，伍被为刘安设计谋反，罪不能赦。最终还是株连了他。

淮南王后、世子刘迁和所有参与此次谋反的人都灭了族，株连达数千人。

顺便提一下，淮南大案是衡山王刘赐与哥哥淮南王刘安联袂出演的，不过刘赐充其量也只是个没有台词的配角，还没开始就已经结束了——因为家庭乱七八糟的关系，家人都被上告了。虽才疏志大，却也爱效仿英雄气概，一见大势已去，就挥剑抹了脖子。由于家庭各种混乱的关系，让刘彻抓住了把柄，趁着这台大戏把刘赐与刘安两兄弟的整个窝都给端了。

至此，武帝时期的诸侯叛乱基本上都偃旗息鼓了，景帝那时候的七国之乱已经成为一个太遥远的故事了。

不做事的人总是在事情结束之后出现。

淮南王、衡山王造反，朝廷严办两王的党徒。公孙弘认识到自己在相位，没能辅佐皇帝治理好国家，现在两王造反，自己难脱不称职的罪责。

当时公孙弘恰巧染病在身，于是上书皇帝，请求辞职。但刘彻并没有答应，只是让他暂时休养。

公孙弘生病之后，按道理应该是回老家养老了，毕竟岁数真的是不小了，都快八十的人了，但是他却在病床上又站起来了。

这个时候，公孙弘光荣返聘，继续做他的大汉丞相，但实质已经是没什么实权了。

年龄在那里摆着呢，接下来公孙弘既没干什么帮人的事，也没干什么害人的事情，就这么不痛不痒地让岁月带走了，历数刘彻的丞相，他或许是结局最完美的一个。

第九章 燃烧吧，小宇宙

画 皮

我们浏览一番刘彻的简历便清楚，刘彻在位54年，其中有44年的时间都是在和匈奴打仗。可见，刘彻对匈奴的恨的确到了极点。

从建元新政的失败到太皇太后去世的这一段时间，是刘彻的蛰伏期。他用一种不屑和顽劣的态度来避开朝野的非议。

而今天，刘彻用最得意的笑声回敬那些说他蹉跎岁月的人们。

有些时间是必须浪费的，只有这样，时间才会沉淀成我们需要的模样。

这个贪玩的幼主在刹那间换了面孔，大臣们都惊讶于刘彻是在哪里找到这样精良的面具。

你们错了，这是我真正的面孔，之前的那面脸孔才是一副精良的面具。

刘彻用自己的演技上演了一出汉朝的《画皮》，只是这次感叹的不是恩爱情仇，而是一个帝王的精湛演技。

刘彻把时间当成了掩体，在刚刚继位的时候，他并没有对匈奴做出强硬的反应。一是因为当时国内的武装条件非常不成熟；二是因为当时以太皇太后为首的黄老学派在朝中占上风，他们不愿意因为战争而让国家穷困。因此当时主和的呼声在朝中占据了主要位置，几乎没有一个人站出来主战。

公元前134年，军臣单于派使者到长安求见汉武帝，要求和亲。

朝中大臣没有人不知道，匈奴人看上的并不是大汉的公主，祈求的也并不是长久的和平。这次和亲是一次贪婪的升级，是义正词严地告诉大汉，想要和平，那就送上更多的财宝和更多的美女。

这分明就是一枚裹着糖衣的炮弹。

据司马迁记述，在公元前三世纪后半叶，匈奴似乎成为一个统一的、强大的民族，他们由一个叫作单于的首领统帅着。

从高祖刘邦开始，汉朝对待匈奴就是"以面包换和平"的政策：每年汉朝都会支付给匈奴大量的钱财，以换取短暂的安宁。后来，匈奴实在被惯坏了，胃口越来越大，逐渐变成"以和亲换和平"。不仅要钱财，还要女人，这女人还必须是公主。

这种屈辱的和亲政策，虚情假意地维持着两个民族的友好，换取了两个国家表面上的和平。

汉朝每年都会选出一个诸侯王的女儿充当公主，远嫁匈奴。随同前往的是大量的金银财宝和布帛丝绸。

高祖对待匈奴的这种隐忍退让的态度，大大增强了匈奴的嚣张气焰。汉文帝时期，匈奴已经不满足于汉朝给的那些财物了，准备自己伸手。公元前177年，右贤王进入河南地区，开始了他们疯狂的掠夺。汉文帝见状，赶忙派灌婴领军攻打右贤王，右贤王大败而归。

事后，匈奴单于写信给汉朝，恶人先告状，倒打一耙地说这战事是由汉朝挑起的。

侵略者力气大，脸皮厚，而被侵略者胆小退让，一味息事宁人，被人打了一巴掌，还只能说是自己的错，笑着给人家赔不是。

知错能改，善莫大焉——知道错了能改正，那是多大的善啊！这话不假，但你总得先知道自己有错吧。生命是个圈，历史就是"鬼打墙"。笔者又要再说一遍，以史为鉴，大多都难以做到。

以史为鉴，之所以难做到，往往是因为人难以认识自己，也就是当局者迷，无法把自身所处的局面放回到某段历史中，或者放错到了某段历史中。后来的人一看就清楚，这不是重蹈覆辙吗？因为旁观者清，况且它已经完成。

所以以史为鉴，是大多数人做不到的。就连苏格拉底也在一生致力于认识自己。能认识自己的，怎能不是大智大慧的人？那学历史有意义吗？这就好比谈恋爱时许下承诺，恋爱是要谈的，承诺也还是要许下的，即使许下了没做到，但毕竟是曾经有过最忠实的向往。

回到历史，汉文帝明明知道是匈奴在编造事实，但还是答应了匈奴的和亲要求。亲虽然还是在和，但是双方心里都清楚，这种虚情假意支撑不了多久。

天字一号"汉奸"

冒顿单于病死，他的儿子稽粥继位，号老上单于。汉文帝这时会怎么应对？他选择了继续和亲。汉文帝选了一位刘姓诸侯之女，扮作公主，并让太监中行说作为陪同侍臣一同前去。

我们常常听人骂汉奸，有人骂秦桧是汉奸，有人骂汪精卫是汉奸，"汉奸"一词，也正是出自中行说。他就是中国历史上一个真正的"汉"奸——汉朝的奸细。

这个太监可不是一个安分的太监，他死活不愿意去。作为一个男人，他成家的可能性已经是没有了，而现在又让他去匈奴，他连自己的国家也不能待下去了。无家无国，何处能安身？

但朝廷强行派遣，他也奈何不了，于是他恼羞成怒。舍得一身剐，敢把皇帝拉下马。他也不顾什么体统了，威胁汉文帝说："必我行也，为汉患者。"意思是说如果你们真是不怕杀头的话，执意派我去匈奴，那么我必定会成为大汉的祸患。

汉文帝当时对这句恶狠狠的话没有在意，他把它理解成了中行说情理之中的气话，也就没有追究他的罪责。

中行说带着怨恨默默上路了。

一个身体残缺的人的自尊受到了严重的摧残，祸患的种子却因此得到了春雨的滋润，开始萌芽。

说一不二，一到匈奴，中行说立马就归降了单于。他心里的怨恨疯狂地滋养着祸患的这棵树苗。

　　凭借着对汉朝文化的了解，这个大汉奸中行说很快就给老上单于敬献出了他的第一份叛变之礼。

　　匈奴人对汉朝的丝绵尤为喜爱，丝绵和匈奴的皮革比起来既暖和又轻便。但是匈奴在当时根本没有生产丝绵的能力。

　　中行说看到这一点后，立刻向老上单于说明了自己的立场，他认为，汉朝的丝绵虽然轻薄，但是保暖效果却远逊于匈奴的皮革，对于长期需要抵御寒冷的匈奴人来说，保暖性才是最大的优点。

　　匈奴的总人口不过是汉朝的一个郡，但是现在汉朝却十分惧怕匈奴，这其中的原因就是匈奴人有自己的生活方式，他们不需要依赖汉朝的食物和服装，但是如果匈奴国内大行丝绵之风，就会养成依赖汉朝的习惯。到了那个时候，匈奴就会自动臣服于汉朝。另外，对于自己的其他方面，如器械、风俗等，匈奴也应该增强自信心，没必要一切都向汉朝看齐，过分推崇汉朝的文化。这样反而长了他人志气，灭了自己威风。日久天长，也是对民族精神的压制。

　　不仅如此，中行说还教授匈奴人记数方法和汉朝的文字，他信奉知己知彼才能百战不殆。

　　中行说的这些举措重在加强匈奴的软实力，匈奴硬件已经很难有强化的空间了，人少兵强，但是软件还有很大的提升空间。中行说一眼便看穿。虽说旁观者清，但他看得是如此透彻。不得不说，中行说命中注定是个汉奸，是他在历史上最大的戏份。

　　中行说以前的工作是宫里的太监，是个不被重视的角色。不过跟在皇帝身边，为他现在的大展手脚做了充分铺垫。凭借着对宫廷礼俗的了解，中行说教唆匈奴在礼仪上挑衅大汉。

　　在给汉朝皇帝回信时，中行说让单于选用一尺二寸的木札，盖印加宽加大的印章和封泥，使用傲慢的书信开头文辞：天地所生、日月所安置的匈奴大单于恭敬地问候汉朝皇帝平安。而当时汉朝给匈奴的书信用的是一尺一寸的木札，开头语是：皇帝恭敬地问候匈奴大单于平安。

另外对于汉朝使臣，或巧舌诘难，或威逼利诱，常常用"秋熟后发兵践踏汉境"来威胁使臣，恫吓汉朝。匈奴也确实是照中行说的条目做的，每年秋季都会例行公事一样到汉朝的边境烧杀抢掠，小打小闹一番。

由于中行说的唯恐天下不乱，汉朝的这次和亲非但没有换来所谓的和平，更是给匈奴送去了一个汉朝通，把自己的弱点全部暴露在阳光下。

虽然有中行说从中作梗，但是这和亲政策还是一直持续到了景帝时期，用女人换取和平已经成为一种历史沿袭，改动就意味着疼痛。但是对后来的汉武帝刘彻来说，用赢弱的女人去换取汉朝的可笑和平是他所不能忍受的。

这样，才有了刘彻刚刚登基的第二年便派张骞出使西域。这一切都是为一场旷日持久的战争做准备。

刘彻清楚地知道，这场仗不是一月两月，也不是一年两年就能完成的，或许需要十年，甚至需要一生。

前朝的恩怨是该在刘彻这个时代算一算了。

算来算去，刘彻先算起了自己的银子，打仗可是一件耗费钱财的事情，没有钱就趁早别打仗，武帝之前的景帝和文帝还有高祖是非常清楚这句话的含义的。

武帝初年，汉朝已经经过了七十多年的休养生息，百姓生活富足，长安城中聚集的钱财数不胜数，据说穿铜钱的绳子都因为年久不用而腐烂了。

刘彻有钱了，并且有的是钱，几十年的休养生息终于攒够他打仗的本钱了。

资金的问题解决了，打仗的吃住问题也就解决了。

现在还剩下最后一个却也是非常重要的条件了——武器。当时的战争可不像近代，无论哪里一打仗，立刻就会有一个以国家为形式的军火商站出来，你们只管使劲打，我这里精良的武器多得是，死多少人对我来说无所谓，我发的就是战争财。

对付匈奴，两样东西最重要——战马和弓箭。

匈奴素有"马背上的王者"的称号，可想而知，匈奴人马上功夫有多么强悍。汉初白登之战，高祖刘邦率三十万大军被匈奴围困，凶悍勇猛的匈奴骑兵简直成了高祖的噩梦。当时匈奴的主要坐骑正是汗血宝马。

汗血宝马虽然是主要坐骑，但毕竟是进口的，数量远远少于地方马种。所以这种优良马种经历了一个这样的模式：引种—杂交—改良—回交—消失。

另外，汗血宝马虽然速度快，但体形纤细，负重能力弱。因为这个自身的弱点，也是它被弃用而在匈奴军中消失的原因。

所以，匈奴兵的主要坐骑是蒙古马，这种马虽不高大，但体能充沛，耐力持久，适合载重，适应草原生活。

汉朝初期，战马是非常匮乏的，因为国家政策讲求休养生息，所以也就没有关注战马的情况。那时一匹战马的价格就相当于现在的一架战斗机。

因此，改良马种，增加马的数量，提升战马质量是当务之急。

这时张骞出使西域回来，向刘彻提到了大宛一种跑起来浑身流汗如血色的宝马，是天马的后裔。天马本来生活在高山之上，人类根本抓捕不到。当地人心想抓不到老子，那就抓小子，就把母马送去放养，使它们交配，然后生下有天马血统的小马驹，外号天马子。这些天马子果然继承了家族的优良传统，天生神骏。

刘彻心动了，但他是文赋听多了，也写多了，习惯了辞藻铺陈，夸张修辞，所以也犹豫着张骞描述中所带的水分。

后来，一个名叫"暴利长"的囚徒，在敦煌捕到了一匹汗血宝马，进献到了刘彻的面前。

天马徕兮从西极，

经万里兮归有德，

承灵威兮降外国，

涉流沙兮四夷服。（《西极天马歌》）

刘彻心花怒放地舞文弄墨起来（大意就是狠狠地赞美了一番眼前的汗血宝马），也终于相信张骞的描述不虚。

于是，刘彻立即命使臣韩不害率团载运着重金和一匹纯金打造的金马前去换购。但是战马作为绝对军事力量，就像军事机密一样，大宛不想让

历史原来这么有趣·汉朝卷——汉武大帝刘彻

别的国家得到。于是来了一招一手交钱，一手不给货，把汉使给杀了。刘彻大怒，下令李广利率军讨伐大宛，但李广利失利而返。刘彻下令其不得进关，又一次调拨军队，命令他再次出征。这一次他总算不辱使命，带着几十匹宝马和上千匹中等马凯旋。对方还承诺每年进贡两匹汗血宝马。

曾经匈奴的重要坐骑就是汗血宝马，如今汉朝引进汗血宝马仅仅是在追赶匈奴几十年前的脚步。但历史就是一个圈，有大圈，有小圈，大到几千年，小到几十年。

刘彻就碰上了这个圈，匈奴领先走了几十年，终于走到了原点，刘彻正在这儿等着他呢！

引进了汗血宝马的汉朝骑兵，战斗力大增。甚至还发生了这样的事情：汉军与匈奴对战，一支汉军的坐骑全部换上汗血宝马。久经驯养的汗血宝马，认为这是表演的舞台，作起了舞步表演。生命的可爱之处，在于它常有出人意料的举动。匈奴矮小的蒙古马见汗血宝马高大、勃发，惊叹不已，又或者自惭形秽，总之不战自退了。

授之以鱼，不如授之以渔。除了到大宛夺马，刘彻还鼓励民间养马。他还在河西走廊建了 36 个牧场，专事驯养军马。"凉州畜牧甲天下"，凉州成为大汉王朝良马繁殖、交易基地，因此就有"凉州大马，横行天下"的说法。

匈奴骑兵勇猛，一方面得益于坐骑的优良，另一方面有赖于这些骑兵弓箭使用得好。匈奴骑兵，弓不离手，几乎是从小玩到大的。

匈奴人的弓箭曾经是非常先进的，是由金属、野兽的筋骨和植物纤维所构成的复合弓，这种弓在相当长时间内远比其他国家使用的笨重的木质弓轻便灵巧，它使匈奴人可以在马背上向各个方向连续放箭。加上马镫的发明，使匈奴人完全可以在马背上腾出双手。

但是学习如逆水行舟，不进则退。早在春秋战国时期，匈奴的一个邻居赵国就发现了当时匈奴骑兵的优势，赵武灵王以此便发动了一场"胡服骑射"的改革，轻装简阵。从此中国有了弩机。当年项羽就是用这种武器射伤刘邦的，细推弩机的原理，它也算是一个半机械化的武器，在那个时候，弩机的杀伤力是非常强的。汉武帝大力推崇骑兵的轻装简阵，更是完美地回避了汗血宝马的弱点，人马配合，游刃有余。

钱有了，马有了，武器也有了，刘彻现在最需要的就是人心。

从高祖到现在的武帝刘彻，长久实施的对匈奴的政策就是和亲。打破这个根深蒂固的习惯，跟那些早已不知打仗为何物的老臣们商量这事，会有人站在他这边吗？

刘彻立刻摆开了一个大擂台，他要让他的臣子们说说，对于匈奴，到底是战还是和？

有人群的地方就会有争论。随着刘彻把这个问题的抛出，大臣们立即分成了两派，主战派和主和派。这两派中还混杂着中间派。不表态，不出声，让自己隐形。

主战派的代表是当时的大行令王恢，他的演讲题目是：肉包子打狗有去无回。

王恢曾经多次在边地任职，他把匈奴人的性格摸得非常透彻，他觉得不管是和亲还是送礼，对于匈奴来说都是肉包子打狗有去无回，虽然扔肉包子的时候，狗是不会咬人的，但是等到把狗喂肥了，它自会跑回来反咬你一口。对于这样一个毫无诚信的民族，最好的方法就是军事打击，否则大汉将永无宁日。

主和派的代表是韩安国，他演讲的题目是：论游击战。

韩安国认为，匈奴是游牧民族，他们的生活方式决定了他们的作战方式——游击战。

光脚的不怕穿鞋的，大汉是农耕国家，具有稳定的大后方，但是匈奴人打起仗来却是居无定所。对于汉朝，战争的前期任务就是寻找，当我们千辛万苦找到匈奴部队的时候，早已精疲力竭了，哪还有力气再打仗，这好比是射出的箭，它在快要落地的时候恐怕连丝绵都无力穿过。这也好比要停止的风，不管它以前是多么肆虐，到了最后要停的时候恐怕连一根羽毛都吹不起来了。

韩安国这个比喻似乎比王恢的肉包子和狗更能让人信服。

因此朝中多数大臣都是支持韩安国的。

大臣支持归大臣支持，最具决定性的一票依然在刘彻手里。因此处在少数的主战派毫不气馁。但是出乎意料的是，刘彻平静地接受了这个结果。

刘彻这次急刹车极大地挑战了我们的思想惯性，这到底是怎么一回事儿呢？

刘彻的底牌

刘彻公开招标了，谁能猜中刘彻的底牌？

建元六年（公元前 135 年），汉武帝召集朝臣讨论对匈奴是该打还是该和。虽然最终的结果是当时的主和派御史大夫韩安国胜出，但是一支主战的小分队已经在悄然发展了。

根据我们以前的分析，对于匈奴，刘彻是一个彻彻底底的主战派，但是究竟是什么原因让刘彻接受了韩安国的主张呢？

看一个人是否成熟，往往看他在遇到重大事情的时候还能不能保持清醒的头脑。从这点来看，刘彻的确长大了。从建元新政时的隐忍到今天对匈奴的政策，我们都可以看到刘彻可喜的变化。他不仅学会了克制，同时也学会了积攒，刘彻或许是从桑弘羊那里学到了零存整取的经济手段并用在了政治上。

当皇帝这么长时间，刘彻学会了评估，刘彻学会了做买卖，他要用最少的钱买到最好的东西，他要用最少的损失换回最大的所得。

韩安国主和虽然窝囊，但也道出了这场战争的风险所在，因此，刘彻必须等待。

到了公元前 133 年，刘彻再次把匈奴战事提上议程，韩安国和王恢再次成了两派的代表。

有的人面对失败，把它看作是路上的蒺藜，畏首畏尾；有的人面对失败，把它当作脚下的垫脚石，愈加奋进。王恢就是后一种人。这一次，王恢的功课显然是比韩安国做得更充足了。

在每一个论点上，对于韩安国提出的论证，王恢一一予以击破。

论点一：对匈奴作战有无必要？

韩安国对此的说法没有新意，还是停留在上次发言时的状态——他退步了吗？没有。是别人进步了。他认为匈奴是一个沙漠之国，生活的地方是蛮荒之地，这种地方就是我们拥有了也不会有人愿意去住。

针对韩安国现实意义的考虑，王恢上升到了国家荣誉的高度。

战国时候的代国北边不仅面对匈奴的侵扰，南面还必须对付中原的威胁，即使到了这种地步，代国还是能保护自己百姓安居乐业，匈奴也不敢轻易进犯。

看看我们的大汉国，国土面积不知要大代国多少倍，人口不知道要多于代国多少倍，但我们却一味地对匈奴退让，导致现在匈奴越来越嚣张。

一个小小的代国尚可以用自己的勇气让匈奴畏惧，我们堂堂大汉朝为什么要选择退让呢？

第一个论点就让韩安国及所有主和派大臣感到了来者不善。

论点二：是否要效仿高祖？

和亲政策就是在刘邦时代兴起的，韩安国这次死死咬住高祖刘邦这个论据，当年，高祖皇帝被困在平城的白登山整整七天，衣不避寒，食不果腹，脱离困境之后，高祖选择的却不是报复。正因为这样，这才换来了之后的和平。

你韩安国的论据不是高祖皇帝吗？好，这次我王恢也用这个论据。

王恢反驳道，高祖当时主张和亲，并不是因为高祖皇帝没有能力打匈奴，实在是因为高祖菩萨心肠、慈悲为怀，不忍心看我大汉百姓遭到战争的残害，这是高祖皇帝一种崇高而无奈的选择。但是现在我大汉百姓连年受到匈奴的侵犯，为了保护百姓，自然得和匈奴打仗。

这一论点，王恢不仅给高祖刘邦镀了金身，还拉过来了很多选票。

论点三：如何对匈奴作战？

韩安国认为，汉朝如果和匈奴打仗，后勤补给线拉得太长了，而且士兵们经过长途跋涉一定身心疲惫，打仗肯定是会吃亏的。

王恢对于韩安国这一论点准备得最为充分。你韩安国不是死死抓住路上的功夫不放手吗？好，这次咱们就好好解决一下这个问题。

面对韩安国的论证，王恢对症下药地提出了一个作战方案——诱敌深入。我们攻打匈奴不必被动地拉长战线追赶他们，我们可以引诱匈奴到汉朝的边境，引诱到我们事先埋伏好的指定地点。这样，我们必定可以瓮中捉鳖。这就是马邑之谋，说得具体一点就是马邑的一个土豪聂壹向王恢提出的一个计谋，匈奴刚刚和我们大汉和亲，警惕性自然不高，在这个时候，我们趁机引诱匈奴袭击马邑，汉军在马邑城内埋伏大量精兵，到时候必定能将匈奴主力歼灭。

这个方案一提出，韩安国顿时哑口无言。

说的人和听的人都血脉贲张，情绪激昂，仿佛已经听到匈奴人战马的哀号。

刘彻立即批准对匈奴开战。

刘彻的复仇之路开始了。

这个蹊跷太明显

王恢先派聂壹带着货物到长城外与匈奴做买卖。这一来二往彼此就熟络了起来，聂壹很快就见到了军臣单于。

两人的买卖从卖布卖马很快就上升到了贩卖国土，聂壹对单于说他愿意献出马邑这个地方。

军臣单于顿时觉得很奇怪，你这个商人怎么做起地皮生意了？聂壹马上摆出了一副唯利是图的样子，大王，我图的当然是利益，我现在有一计，可以让大王不费吹灰之力夺下马邑，我不要多，咱们一九分成，您看怎么样？

匈奴人有时候是很实在的，一听说有白给的馍馍，军臣单于非常高兴，马上拍桌子成交。

此时，只有聂壹心里清楚，这是战争，不是买卖。表面功夫一定要做到位。

这桩生意谈成之后，聂壹立即赶回了马邑，让城中的官员杀了几个囚犯，把他们的头颅挂在了马邑城头，哄骗匈奴的使者说，马邑的高级官吏已经死了，你赶紧让单于杀进来。

军臣单于一听使者的汇报，便兴冲冲地带领着十万匈奴骑兵前来接收马邑城。

在此之前，汉武帝早已依计在马邑旁边的山谷里埋伏了三十多万大军，将军分别是李广、公孙贺、韩安国、王恢和李息五人。韩安国称护军将军，执行统一指挥的任务，王恢和李息则负责战斗打响后袭击敌后运输辎重（辎重：军队一切军用物资、生活物资）的任务。

大网是撒好了，汉朝三十万大军在暗处屏气凝神，就等着单于上当收网了。

军臣单于率军到了武州（今山西左云县南），见前面是山岭地形，不由得谨慎起来，让大军放慢了脚步。地形是作战的关键，而山岭地区是战争中比较危险的地区。军臣单于作为一名将领，率军打仗，对地形地势自然有着特殊的敏感。

放慢脚步也就是一会儿的时间。

看出蹊跷也就是这么一会儿的时间。

他向四周看了看，在草地上有许多牛马在安闲地吃草，但奇怪的是竟没有一个人影。

这出多余的情景剧同样出自聂壹之手，原来他为了让单于上当，故意制造了这样的太平假象。这画蛇添足的一幕实在是侮辱了单于的智商。

单于立刻喝令大军提高警惕。这个时候，军臣单于已经觉察到了这个天上掉下来的馅饼可能是地下的陷阱。

匈奴大军立刻向附近的一个塞亭发起攻击，轻而易举地拿下了它。但他们首先做的不是打砸抢烧，而是抓来一个官吏逼问他这其中的蹊跷。

果然，这是个阴谋。军臣单于赶紧率队撤走。

打仗是不签合同的，何况你是埋伏。单于的大军已经撤出好远了，汉朝的三十万大军还在原地等待着，时间一分一秒地过去了，可等来等去还

历史原来这么有趣 · 汉朝卷——汉武大帝刘彻

是没有看到半个匈奴人。

这个时候，那边的消息终于传来了，匈奴退兵了。

三十万大军想要大干一场的心哪能经得起这般调戏！追！

汉朝大军猛追至关塞，可看到的也只是匈奴大军的马粪了。

三十万大军无功而返。

这个时候王恢得知匈奴并没有中埋伏，担心自己带着三万兵士，万一遇上了兵合一处的匈奴大军，肯定抵挡不住。这样想着，就放弃了去攻打匈奴的辎重部队的计划，退兵而去。

这场本应该爆棚叫座的阴谋大戏就这样草草结束了。

刘彻的胃口本来被吊得高高的，没想到盼来盼去却是这样一个结局。气得他只想抓住东西就摔！

摔东西只是普通老百姓的发泄方式，皇帝生气，难道只是摔摔东西？

这气要撒，但撒向何处？

当然是那些打匈奴的人。

而这其中的主要责任人王恢是逃也逃不掉的。当初就是你王恢提出攻打匈奴的，还提出了这个主意，况且这次又抓住了你的小辫子：擅自撤兵。虽然，对于这点王恢做了很多的解释，而且解释得非常合理，一切为了国家，尽可能减少损失。

怪就怪老天让你做了出气筒。这些解释，对于刘彻来讲似乎是火上浇油。非但不灭，反而越烧越旺。

王恢不敢再多说，转而伸手找田蚡帮忙，当然，另一只手也要在自己身上掏金子。

拿人钱财，替人消灾，田蚡理所当然地找到了自己的姐姐王太后。

王太后顺其自然地在儿子面前为王恢求了情。原本指望着万事大吉，却不想这一求情非但没有让刘彻消气，反而更加坚定了刘彻要杀王恢的决心。

刘彻这个时候本来就已经对田蚡和王太后很不满意了，宫廷局势微妙，即使再亲的人之间也难免有裂痕。现在你们帮着王恢说话，朕偏不听。这一出原本是想雪中送炭，却不想成了雪上加霜。

马邑之谋确实深深地伤害了刘彻这个好大喜功的皇帝的自尊，王恢自然就是这个昂贵自尊的牺牲品。不久，已经在狱中的他就自杀了。

这个王恢其实死得冤枉，但当时的情况确实是逞一时之勇就会让汉朝遭遇更大的损失。然而刘彻不管这些，他丢失的自尊确实需要人埋单。王恢只得付账。

这个阴影深深地扎根在了朝堂之上每个人的心中，后来的李广即使寡不敌众，也要拼到最后而不避匈奴的锋芒。这一方面是他英勇，另一方面也不能不说是王恢给他上的一课啊。

马邑之谋虽说是一次失败的计谋，但是它却挑破了汉朝和匈奴之间虚伪的和平，成了汉匈关系的分水岭，汉朝无疑是给匈奴下了一道战书，以前看似和平的日子结束了，今后休想再从我汉朝带走一个女人。

王恢死后，刘彻时刻都在思考，他需要的不是一个人，他需要的是一群人。

第十章 星光灿烂的汉朝天空

我把青春献给你

平阳府中的邂逅让刘彻得到两个人，一个是卫子夫，另一个就是我们本章的主人公——卫青。

就在我们一心关注着匈奴的这些时间里，光阴在另一个地方悄悄地抹去痕迹——刘彻的深宫中早已物是人非。

田蚡当初借皇帝之手除掉了窦婴，但是这会儿早已没了胜利者的姿态。田窦两家的天平已经失衡很久了，田蚡再也没有与之抗衡的对手了，这会儿终于成了刘彻心里的一块悬着的石头。田蚡虽然身居高位，却不能高枕无忧。他一改往日飞扬跋扈的气势，尽量在刘彻面前放低姿态。他已经感觉到皇帝异样的眼光。一人得道，鸡犬升天。他比谁都清楚，他能走到今天的位置，完全是拜她姐姐所赐，现在姐姐却成了刘彻掌权路上的一个大障碍。爱屋及乌，现在这话得反过来说了。

以前费尽心思地要当丞相，后来梦想成真，一人之下，万人之上，过得却是比皇上还自在的生活，享尽人间极乐。这会儿，也该是付出代价的时候了。纵欲之时，快乐早已经透支。高处不胜寒的凄凉在心里蔓延，越想越凉。

公元前131年春天，田蚡突然得了一种奇怪的病，浑身疼痛，好像有人在杖打他，一个劲儿地喊"认罪"，御医束手无策。毕竟是一国的丞相，既然病倒了，那做皇上的也不能不象征性地关心一下。刘彻让能通阴阳的术士去探病，术士回来后答道："魏其侯和灌夫的魂魄纠缠着丞相，笞打着想要杀了丞相。"刘彻摆手屏退了术士，默然无语。没过几天，田蚡便暴毙在床榻之上。

我们无法判断术士的话是不是真的。但田蚡落得个这样的结局也只能说应了那句话——多行不义必自毙。

如果要忘记眼下的痛苦，那最有效的办法就是碰上更大的痛苦。死亡在大多数人眼里一般就是无法逾越的痛苦，因为它太直接，太无可挽回。所以田蚡的死，反倒减轻了刘彻心里的怨恨带出的痛苦。后来即使田蚡的后人犯了罪，刘彻还是赦免了他们。

公元前130年，刘彻的后宫发生了一件大事，也正是这件事，让刘彻身边的女人重新排了序。

翡玉、珠钗、凤冠、霓裳，一身的皇室荣华！这个人就是刘彻当年许诺金屋的皇后陈阿娇。事隔经年，陈阿娇已经拥有了远远胜于金屋的荣华尊贵，但她正一天天地失去刘彻。

刘彻大呼，朕想和谁处谁也挡不住。

刘彻恩宠卫子夫，让皇后陈阿娇无法释怀，阿娇处心积虑地想扳倒卫子夫，终究无法如愿。万般无奈之下，不管三七二十一，她用起了巫蛊这一套。女人的嫉妒是可怕的，因为它持久而不计后果；不聪明的女人的嫉妒尤其可怕，而这可怕是带给自己的。阿娇怎么也不会料到，这阴毒的咒语没有在卫子夫身上灵验，却把自己推向了深渊。

"巫蛊"在这个自诩为正大光明的皇宫之中是大忌。汉代的法律更是对巫蛊制定了严厉的惩罚制度。如果某个人家里饲养的蛊虫已经成形并且致人死亡，那么这个人要被处以极刑，他的家人也必须流放三千里。

巫蛊是一种加害仇敌的巫术，起源于远古，包括诅咒、射偶人和毒蛊等，是古代信仰民俗中希望借助神秘力量对人、事加以控制影响的方术。

虽然皇宫里严禁巫蛊，但是懂蛊的人却还是有的，这中行说就是其中之一。中行说一生极尽汉奸之能事。死前还不忘做回"贡献"，把平生讳莫如深的巫蛊搬了出来用在了军事上。他教匈奴把病死的牛、羊等牲畜经过巫师诅咒后埋到汉军行军路线的上游水源处，汉军只要一喝水，便会中蛊。事实上，汉军喝了，确是出现了中毒症状——这或许是世界历史上第一次细菌战。几年后，年仅二十四岁的霍去病突然暴毙身亡，据说就是因为当初饮用了带蛊的水。

这个带有阴森神秘色彩的词，曾经一度令人谈之色变。但可怕的力量并不是它的诅咒本身，而是由它引起的多米诺骨牌似的反应。巫蛊因为操作简便，隐蔽性强，被怀疑者百口莫辩，所以一直是栽赃陷害的必备良招。

元光五年，二十七岁的刘彻以"巫蛊"罪名颁下诏书："皇后失序，惑于巫祝，不可以承天命。其上玺绶，罢退居长门宫。"自此，刘彻把陈阿娇幽禁在长门宫。千金纵买相如赋，寂寞冷清中的阿娇知道刘彻喜爱司马相如的文赋，一掷千金，请来司马相如为她写了《长门赋》，赋文中说阿娇重新得宠，而实际上她是在长门宫中郁郁而死。虽然结局并不完美，但留下了"千金买赋"和长门宫的历史典故。

欢天喜地的大结局，人们在一片欣慰中淡忘；悲剧，人们哀叹之后，依然长记。

阿娇或许不是一个聪明幸福的女人，但"金屋藏娇"和"千金买赋"足以使她永恒，在文人骚客的唏嘘中长存。

人们把这个故事渲染成爱情悲剧，刘彻也因此被塑造成一个忘记诺言的绝情帝王。

作为一个男人，他该受指责。但作为一个皇帝，他是不用为爱情负责的。因为皇宫之中从来就没有爱情。

这并不是爱情和婚姻的冷笑话，这是皇宫真正的颜色。说刘彻和阿娇之间爱情散尽，不如说是刘彻在告别和疏远一些东西，这些东西就是外戚。

让我们回头看看刘彻这一路走来的脚印。

在刘彻心中，有两样东西是让他久久不能释怀的。

其一：匈奴之恨。它让大汉背上了用女人换取安定的懦名。

其二：外戚之耻。当年，刘彻虽然坐上帝位，但是皇宫中这几个有权势的女人，举手投足间全是傲慢，刘彻得不到一点实质上的尊重。他知道，他能当上这个皇帝是因为外戚（妻子陈阿娇、姑母兼岳母馆陶长公主），而他险失帝位也是因为外戚（窦太皇太后和窦氏家族），最终能保住皇位还是因为外戚势力的手下留情。

这一切对于一个志向高远、心性激烈的年轻帝王来说，是一种刻骨铭心的耻辱。

羽翼丰满，终于能挣脱束缚振翅高飞了。这盼望已久的自由！那挥之不去的阴影。

看着脚下的那些外戚，厌恶之情席卷而来。这些人，就该随着过去的日子一块儿过去。

自此，皇帝新宠卫子夫，爱屋及乌，备加青睐她的弟弟卫青。这层关系只是一个机会，它只是通向那个高位的一架梯子，梯子随时会被搬走，你能不能及时爬上去，爬上去能不能坐得住，那都是你的事了。机会还是留给有准备的人的。

来到宫中，卫青最先学会的就是审时度势，因为他目睹了太多外戚凄惨的谢幕。

在接下来的自选动作中，在外戚和能臣之中，卫青选择了难度系数高的能臣。靠别人？不，靠自己！远方的路只有自己走下去，没人会愿意背着你走。

公元前129年，匈奴统治者发动了一次大规模的战争。匈奴兵一路烧杀抢掠，嚣张无比，他们的先头部队甚至攻到了上谷地区（今山西省北部）。

匈奴来了，刘彻一雪前耻的机会也来了。

汉朝几代人的仇恨，我刘彻要把它刻在士兵的长矛上。

这一次刘彻做了他蛰伏以来的最大动作。他召集高级将领开会，下令立即予以反击，亲自部署了作战计划。

骁骑将军李广、骑将军公孙敖、轻车将军公孙贺、车骑将军卫青各率一万骑兵分别从雁门、云中、代郡、上谷出击攻打匈奴。

这些将军中，当时最出名的就是李广。李广是陇西成纪人，他的先辈是秦朝的名将李信。作为武将，李广有优秀的基因，而李广堪称是他的家族里这几代人中箭术造诣最高的。

匈奴人对李广已经非常了解，早在汉文帝在位时，李广就曾随军北击匈奴。因为箭法高超他被封为郎官并侍从在文帝左右。他那时常随汉文帝一同外出打猎，多次射杀猛兽。汉文帝曾对他说：可惜你生不逢时，要是你生活在高皇帝打江山的时候，封你做个万户侯是没有什么问题的。

是金子总会发光的。但是如果这块金子一直被埋没在沙土之下，它的光泽又有谁看得到？金子存在一千年、一万年还是金子，所以它等得起，而人恐怕一百年都难挨。所以，时机远比伯乐来得重要。

在汉景帝时期，李广跟随太尉周亚夫平定七国之乱，立有战功，但因为梁王刘武曾经私下给过李广将军印，所以汉景帝就没有重赏他。汉景帝认为李广是员勇将，就派他到上谷地区当太守。他仗着一身武艺，多次与匈奴人交战。汉景帝怕他太鲁莽，白白地丧命，就调他到上郡做太守。后来他又分别当过雁门太守、代郡太守和云中太守。李广一直在北方边郡担任太守。所以，李广在匈奴那里是非常出名的。

此次出兵四路人马，但得胜而归的却只有卫青率领的这一路。卫青果敢冷静，深入险境，直捣匈奴祭天圣地龙城，首虏七百人；公孙贺一无所获，毕竟算不上失败；公孙敖出师败北，阵亡了七千骑兵；李广甚至还被匈奴俘获了，只因为李广的名号如雷贯耳，匈奴单于下令活捉李广，这才让李广在被押解的途中侥幸逃回。

出师不利，李广和公孙敖被判了死罪，后来用财物抵罪，免了一死，被贬为庶民；公孙贺无功无过；而卫青被封为关内侯。

七百个匈奴骑兵成为卫青的刀下鬼，人数虽不多，却足以让匈奴人震撼。他们曾经认为汉朝的骑兵只是花瓶。因为在此之前，汉朝和匈奴之间虽有冲突，但是战争都发生在汉匈的边境。而这次卫青却深入虎穴，直捣龙城，打入了匈奴的腹地，攻进了匈奴的王廷。

卫青这次向匈奴潇洒地打了一个招呼，我会经常来你家逛逛的。

这一年的秋天很快就来了，匈奴也迎来了收获的季节，他们收获的当然不是大量的粮食，而是人肥马壮。

人和马都养好了之后，匈奴开始了他们的报复。他们不只是为了抢夺财物，他们还要试试水，毕竟干了几辈子的惯盗如今却在一个乳臭未干的黄毛小子面前吃了哑巴亏，这背后难道就没有点故事？

军臣单于派了两万多人马打进汉境，击杀辽西太守，掳走两千多人。看着匈奴精神受刺激的样子，刘彻也急了，急忙任命老将韩安国为材官将军，驻兵渔阳郡。

匈奴兵没顾上休息就掉转马头，立刻围攻渔阳，渔阳太守被匈奴兵击败，老将韩安国被团团围住。

韩安国此时的军队早已失去了战斗力，他能做的也只能是逃，这一逃就逃到了右北平郡，一守就守了几个月。最后，韩安国受不了这熬人的工作，最终病死在此地。

韩安国死得悄无声息，他生前做的事情似乎都不讨巧，但不可否认他是一个不可多得的军政全才。

战场上来不及悼念，何况韩安国还是打了败仗。此后的匈奴军队越战越勇，又举兵入侵雁门，杀掠汉朝一千多人口。面对这种情况，汉武帝再也按捺不住了，他决定坚决反击。

刘彻这段时间真是够忙的，外面大战，家里老婆又生孩子了，公元前128年，卫子夫生下了刘彻的第一个儿子刘据，此时的刘彻已经二十九岁了。这个儿子的出生让即将进入而立之年的刘彻大为欢喜，也把他的母亲卫子夫封为皇后。

刘彻与卫家两姐弟的感情也进一步增强，也就是这一年的秋天，卫青率三万骑兵从雁门出发，将军李息从代地出发，夹击匈奴，仅这一仗卫青的军队就斩敌五千人，这次战役就是历史上有名的"雁门之战"。

匈奴人怒了，他们开始大规模疯狂地报复。

紧跟在报复的脚步之后的，是巨大的恐慌。

匈奴人慌了，立刻派出侦查小组，给我查查，这小子到底什么来头？

大量的数据回来了，大篇大篇的都是李广、韩安国这些有头有脸的名将的信息，关于卫青的介绍只有短短一行。

卫青，骑奴出生，受教育较少，读书较少，是当今汉朝皇后卫子夫的弟弟。

匈奴人笑了，又是一个以外戚为贵的将军，狐假虎威的故事在汉朝没少上演。他现在能撒野，大概也就是他的皇后姐姐求着大汉皇帝把最好的兵给他吧，纨绔子弟，不足为惧。

匈奴这组没有技术含量的数据分析最终没有让他们看清楚真正的卫青。

从一个奴仆到一个钢铁战士，只是因为一件东西——力量。

卫青这种过人的本领，那是在刀尖儿上舔血，一点一点练就的。

在这个世界上，唯有拥有力量，才能真正强大。而"外戚"顶多是一支兴奋剂，它的有效期长不了。

刘彻的时代需要英雄，卫青生逢其时。

李广之死

"时运不齐，命途多舛；冯唐易老，李广难封"，这是王勃最后的绝唱，也是命运对飞将军的一声嗟叹。

"秦时明月汉时关，万里长征人未还。但使龙城飞将在，不教胡马度阴山。""相看白刃血纷纷，死节从来岂顾勋。君不见沙场征战苦，至今犹忆李将军。"明月、长城、边塞、沙场，飞将军的伟岸形象屹立眼前。他是人们眼中的英雄，却并非刘彻眼中的功臣。

飞将军李广，纵横沙场与匈奴大小七十余战，却终未封侯，反落得个自刎而死的悲惨结局。李广的悲哀在于皇帝不想真正对匈奴动干戈的时候，他出手打了匈奴；而当皇帝想对匈奴动手的时候，他已经没力气再动手了。

这就是李广的困顿，也是命运的无奈。

在多次受封的卫青和霍去病面前，李广的资历是绝对的优势。早在汉文帝十四年（公元前166年），匈奴大举入侵边关，这个时候李广就从军抗击匈奴了。

李广非常善于用箭，以至于"李广"这名字几乎成为中国神射手的代名词。《水浒传》中便有神射手花荣，人送外号"小李广"。

李广因为杀死和俘虏了众多敌人，而被升为郎中，以骑士侍卫皇帝。吴楚七国之乱时，李广任骁骑都尉跟随太尉周亚夫抗击吴楚叛军。因夺取叛军帅旗在昌邑城下立功显名。但因为他接受了梁王私授的将军印，回朝后，便没得到封赏。李广失去了第一次封侯的机会，来日方长嘛，可谁料想，这来日竟是一生。

一次陪同文帝打猎，李广射杀猛兽，文帝当即就慨叹到："惜乎，子不遇时！"李广啊！李广，你空有这一身本领却也只能是小打小闹，你没有生对时候啊。

汉景帝即位后，李广出任骑郎将。景帝给李广的一生定下了一个高音符。李广剩下的时光注定在演奏着一支非常不顺畅的曲子。

元光六年（公元前 129 年），刘彻给了李广、公孙敖、公孙贺、卫青各一万兵马。结果只有卫青凯旋，而李广的战果最惨不忍睹。李广侥幸在战场上保住了名誉，侥幸从皇帝那里保住了小命。但是他的形象，从这时起，在刘彻心里日渐低矮了。

元狩四年（公元前 119 年），汉武帝为了歼灭匈奴的主力，决定发动一场更大规模的进攻。刘彻这次的野心是寻找并歼灭匈奴的主力。这是一场盛大而惨烈的战争，也是一个为自己荣誉添彩的战争。

刘彻派出十万大军，组成两大部队，由大将军卫青和骠骑将军霍去病带领。李广只是做了卫青的前将军，况且这个前将军也是李广向刘彻争取来的。

此时刘彻眼中的李广只是一个倔强的老头。出征之前，刘彻私下里嘱咐卫青，李广岁数不小了，运气也不怎么样，这次出兵，让他走走过场就行了。李广或许到死都不知道，刘彻的这一番话让他在出征前的烈烈决心变得毫无意义。

卫青也真实在，当真只让李广意思意思。李广这个在军中的前将军并没有做多久，卫青就让公孙敖代替他了，李广被卫青调往东路。

这个时候的李广深知这是他再立战功的最佳机会，但偏偏卫青要把他调往东路。李广心情极度郁闷。

由于这场战争之前，卫青已经得到一个很重要的情报——匈奴的具体位置。所以，这场战争是一场稳操胜券的战争。

六十多岁的李广怀着郁闷的心情跟着卫青对匈奴打一场稳操胜券的战争，这正是捞军功的大好时机，但直到卫青漠北胜利归来时，李广才姗姗赶到。原来李广在大漠之中鬼使神差地迷了路。

被调派去带领偏师还迷了路，李广的运气真是背到家了。

这场战争，卫青在漠北大战中的对手是伊稚斜单于。卫青出塞之后，抓了俘虏并问出了单于所在的地方，便率领精兵先行赶去。他命令前将军李广和右将军赵食其两军合并，从右翼进行包抄；左将军公孙贺和后将军曹襄，率领大部队在后支应。

对付不远千里来到漠北的汉军，伊稚斜本可采取"避其朝锐，击其暮归"的打法，也就是我们所说的"伏击战"。但是伊稚斜单于选择的却是正面交锋。

在战斗的一开始，伊稚斜单于在兵力上占了很大的优势！

面对严阵以待的匈奴方阵，卫青"令武刚车自环为营，而纵五千骑往当匈奴"。

车阵是防御骑兵的战术之一。请注意，卫青这个时候摆的阵形是一个"圆阵"，而圆阵是最好的防守阵形。

五千骑兵的先敌出击，是攻中有守，守中有攻，这种战术充分体现了卫青高超的指挥才能。对五千骑兵而言，他们的出击，是一次进攻。但是在卫青看来，既是进攻战，也是防御战，挡住匈奴人，拖住匈奴人，为战争争取时间。只要"武刚车自环为营"，那么即使暂时处于下风，也有时间等待援军，择机再战！同时，五千骑兵的先敌出击，也是想在气势上先吓住匈奴人！

对于五千人，伊稚斜单于以一万骑兵迎战。他的意图十分明显，那就是凭借人数上的优势，迅速打击汉军。

但是，伊稚斜单于过于低估了汉军的战斗力，一万匈奴骑兵对五千汉军骑兵却无可奈何。

伊稚斜单于在人数占优的情况下处在了下风。而卫青则完成了他的第一步，并等来了曹襄和公孙贺。战场上的形势很快扭转，并且伊稚斜未能及时察觉汉军的兵力已得到了加强。

沙漠的气候总是瞬息万变的，在太阳快下山的时候，战场上突然出现了沙尘暴！史书中对这次紧急气候的描写是"大风起，沙砾击面，两军不相见"。

历史原来这么有趣·汉朝卷——汉武大帝刘彻

而卫青"纵左右翼绕单于"，一举奠定了胜局。一遇到天气突变，我们经常说有如神助，其实不然，沙尘暴并不像风等自然气候可以在一定程度上帮助自己。突然出现的沙尘暴对于交战的两方都非常不利。

但是由于匈奴人对这种天气的适应力更强一些，所以对汉军更为不利，沙尘暴对汉军战斗力的削弱要比匈奴人大得多！

沙尘暴使战场上的能见度降低，就是这种模糊状态正是发动突然袭击的大好时机，老天对于战争双方是非常公平的，不存在帮谁的问题，这个时候，就看谁先想到，先利用这一时机了。

卫青在第一时间捕捉到了这个战机，以左右两翼包抄，用这种常规的骑兵战术，完成了对匈奴的致命一击！

包围圈中的伊稚斜看到"汉兵多，而士马尚强"，彻底丧失了战斗和抵抗的意志，率领几百精骑，突围向西北方逃跑了。

反观伊稚斜单于，在自己处于优势的时候，没有抓住机会发挥自己的优势；在敌我都遇到困难的时候，没有抢先想出解决的办法；在自己处于劣势的时候，又因为对手的强大而顿时丧失了斗志；到了最后，竟然只顾自己逃命而丢弃大军。

听到伊稚斜单于逃跑，卫青急忙派轻骑追击，自己带领主力跟进。一直打到寘颜山（古山名，蒙古高原杭爱山南面的一支）赵信城，共歼敌一万九千人。不过还是让伊稚斜单于逃脱了。

班师回营，到了营地才见到李广和赵食其。

对于这次蹊跷的迷路，卫青自然要一个解释，以奏明刘彻，但李广拒绝回答。我打匈奴的时候，你还穿开裆裤呢。

但这毕竟是军规所限，不是你倚老卖老就能解决的，卫青这次叫人带话，要当面质问李广。

士可杀不可辱，本来李广到了偏翼就不是自己愿意的，带着怨气上路，李广的脑袋自然不清醒，这其中的原因本来可以好好说明的，但是李广放弃了，六十多年的峥嵘岁月涌上心头，李广既无奈又悲愤。

刘彻、卫青在质问李广，李广却在质问命运。

一片狼藉之中，面容模糊的李广独立于废墟之中，注视着前方依旧飘扬的旌旗，可是胜利的荣耀再也不属于他了。

李广拔剑自刎了。

死亡此时之于李广恐怕是最大的解脱。

我们不禁也要和李广一起质问命运，这难道真的是命运使然吗？

这两个答案本来都是不必多说的结果。命运和李广又没有仇，导致今天这一悲情结果是和李广自身的性格分不开的。

当年言而无信地草菅八百多已降羌人，后来又公报私仇地杀害一时为难自己的醉酒霸陵尉。

对比李广和韩安国，我们可以发现他们的性格和待遇截然不同。两人都为老将，而韩安国深得刘彻宠信，若不是因为摔断了腿，差一点就做上了宰相；而李广一生征战沙场，却始终不受待见。如果说刘彻喜欢年轻人而轻视老年人，这也说不过去。因为，韩安国就这样显而易见地被重用了。

再看两人性格，韩安国"死灰复燃"一事尽显其宽以待人的品格；李广假公济私杀霸陵尉一事足见他睚眦必报的狭窄心胸。

战场并不是武林大会，也并不是谁的身手好谁就能傲视群雄，一个成功将军的品行与心胸一定要和他的军事素质成正比。

李广确实有才：将士之才有余，而将帅之才不足。多次被匈奴围困，多次战到最后一人，这一方面说明了他骁勇善战，一方面也说明了他不善治军。事实上，他的军队往往散漫没有规矩。

你一定要忘记自己曾经赢过才能再赢。李广却是久久不能释怀自己曾经赢过。

金无足赤，人无完人。李广轰轰烈烈的一生，却终究是来时太曲折，去时太黯淡。

李广虽然不是艺术家，但他的艺术形象早已融入到历史、文学及人们的肯定声中，引起后人的扼腕与共振。他自刎的消息传至军中，将士无不为之痛哭，传至百姓耳中，无论老少，也无论是否认识李广，都伤心落泪。

"桃李不言，下自成蹊。"司马迁一句对他的评价，客观公正地为他的一生拉下了大幕。

长江后浪推前浪。年轻人，这个舞台留给你们了。

亲上加亲

匈奴单于在没有得到真正的大汉公主之前有很大的疑问，真正的大汉公主到底是什么样的？

这个疑问，我们今天用平阳解答。

平阳本不是平阳，这是她第一次婚姻给予她的封号，历史上有很多平阳公主，但能被人记住的却没有几个，这大汉平阳公主算一个。

虽然秦始皇为表彰巴邑一个名叫清的寡妇而修建了历史上最早的贞节牌坊——"女怀清台"，但秦汉时期女性伦理的贞洁观念，并没有上升到国家意识形态，也就是说女性再嫁是寻常之事。

卓文君"新寡"（刚成了寡妇）回娘家，见到了司马相如便"私订终身后花园"，不仅订了，还跟他跑了。平阳公主的丈夫曹寿死后，平阳也不装寡妇相，立马改嫁汝阴侯夏侯颇。这夏侯颇是开国功臣夏侯婴的曾孙，之前的平阳侯曹寿是开国功臣曹参的曾孙。祖辈之功，福泽三代啊。后来夏侯颇因犯通奸罪而畏罪自杀，平阳又寡。直到卫青出现在她眼前……

这样看来，汉朝对女人倒是挺关照的，不用因那些伦理纲常而苦了自己。对男人就比较严厉了，犯点伦理事不小心就丢了脑袋，多少诸侯贵族死在这上面。这就是女人一厢情愿没事，男女越界两情相悦就是事了。

这个时候的卫青在军中已经待了近十年，曾经的家奴出身让卫青在起跑线上就被甩在了千里之外，他用这十年拼命追赶，终于出落成了位极人臣的大将军，朝中官员无不巴结奉承。

寡居在家的平阳又要在列侯中挑选丈夫了，她广泛征求意见，许多人都推荐大将军卫青。平阳公主笑着说："他从前是我的下人，过去是我的随从，怎么能做我的丈夫呢？"左右说："大将军已今非昔比了，他现在是大将军，姐姐是皇后，三个儿子也都封了侯，富贵震天下，哪还有比他更配得上您的人呢？"

平阳是个聪明的女人，世人往往把这一段话描述成平阳的明知故问。

这个消息很快就传达给了两个人：一个是卫青，一个是皇帝。

刘彻知道后，失笑道："当初我娶了他的姐姐，现在他又娶我的姐姐，这倒是很有意思。"立即拍板同意。

平阳公主惊人的智慧，体现在她对政治与爱情之间的权衡，并对此有着敏锐的观察和清楚的认知。聪明的女人会将两者融合。

我们当然是不能只通过史料来说明一段爱情，平阳此时也有很多理由爱上卫青，一个下等男人有这样不骄不躁的志气，就是一种很奢侈的贵族精神了，除去功名利禄的外在之物，这样的男人内心世界应能配得上我。这一切本来就不是一道权力和爱情的选择题，平阳公主比她的母亲王娡、刘彻的皇后陈阿娇、卫子夫都要聪明，因为她不贪心。

而卫青，我们也不必因为他牵扯了太多关系而探究他在此次婚姻中的目的，我们只能这样想，卫青就是卫青，如若不然，即使加上全人类的智慧，历史也是我们想不出的一道谜题。

时迁事易，当年的仆人就这样做了主人的丈夫。

这样一来，卫青与汉武帝亲上加亲，更加受到刘彻的宠信。但卫青依旧为人谦让仁和，敬重贤才。"我上头有人！"卫青从来不说这样的话。

平阳嫁给卫青不到十年，也就是在卫青四十八岁那年，卫青病逝。平阳第三次成了寡妇，不过这次她没再改嫁。

平阳死后要求跟卫青合葬，陪葬于茂陵。这里要解释一点，西汉合葬制度是不同墓的，只是葬在近处，平阳墓在卫青墓东 1 300 米处。

其实叙述到这里就可以点到为止了。如果卫青不是卫青，那么他就会像蜘蛛一样盘坐在这个越织越密的权力大网中央傲视着飞来飞去的蝇虫而大笑。

可这个人是卫青，即使坐拥权力大网，即使他与这张大网有千丝万缕的关系，那也只是抹不去的血亲关系，温暖而不冰冷。

买一送一

汉朝的天空，星光灿烂。

但是在后人看来，这些光芒并不只属于这个时代的几个帝王。司马迁、张骞、卫青……这些人在历史的天空中熠熠闪光，

然而，这里也有一个最容易被人忽视的问题。这是个优秀的戏班子，谁随便吼两嗓子都能在历史上有点动静，但是给他们搭戏台子的人却决定了他们的演出效果，他们太需要这么一位手艺精良的后台，来坐他们的稳压器。

刘彻就是这样一个稳压器，正是他，开启了汉朝的造"星"工程。

买一赠一的好事还在继续。

刘彻万万没有想到，他一直抵触的外戚区域竟是藏龙卧虎的所在。

这次的惊喜，是一个叫作霍去病的年轻人。

霍去病，卫青是他舅舅，卫子夫是他姨母，刘彻是他姨夫。

以往介绍历史人物总要从他父母说起，大姨、二舅基本上没机会露脸，但对于这个人物，能写上履历表的大概也只有舅舅和姨母了，这两个可真是光耀门楣的角色。

但霍去病的生身父母又是何许人也？

霍去病的出生是比较传奇的，而这个传奇又是以比较丢人现眼著称的。

霍去病是平阳公主府的女奴卫少儿与平阳县小吏霍仲孺的儿子，但是

这个有胆做没胆认的小人物始终不敢承认这个儿子，于是霍去病只能以私生子的身份降世。

父亲不承认，母亲又是女奴，霍去病别说起跑了，就是离起跑线也差十万八千里。

命运以一支比较悲惨的片头曲开始了一出相当精彩的戏剧，而这出精彩的戏剧却又以一个比较悲惨的片尾曲来完结。

短短二十四幕，实在是看不过瘾的二十四幕。

卫子夫刚刚进入汉武帝的后宫的时候，霍去病才满周岁。很快，他的姨母卫子夫被封为夫人，地位仅次于皇后。霍去病的舅舅卫长君、卫青也随即晋为侍中。这样，不仅卫氏家族的命运改变了，多年来汉匈之间的攻守形势也改变了。

在卫青建功立业的同时，霍去病也在渐渐地长大。在这样一个舅舅的影响下，他自幼精于骑射，更是继承了舅舅身上那种难能可贵的气质——他那个时候年纪虽小，但却不屑于像其他王孙公子那样待在长安城里放纵声色，安逸于长辈的荫庇。他渴望像舅舅一样杀敌立功。

很快，这样的一个机会来了。

元朔六年（公元前123年），汉武帝再次筹划了一场大规模的对匈奴的反击战（即历史上著名的漠南之战）。这时候，霍去病还只是一个不到十八岁的孩子，让刘彻惊讶的是这样一个孩子竟然主动请缨上战场。

刘彻给了他很高的殊荣——骠姚校尉，所以霍去病又称霍骠姚。校尉地位仅次于将军，刘彻只是让他跟随卫青出征，见见世面，却不想倒是让自己见了一回大世面。

卫青五万大军分兵五路，让自己的外甥霍去病率领八百骑兵在中路警戒（也就是没想让他上去拼杀），霍去病这急性子哪坐得住，率领这八百骑兵立刻进击，在茫茫大漠里奔驰数百里，直逼匈奴腹地。

这个孩子似乎天生就是属于战场的。血雨腥风中，霍去病嗅到的不是死亡的腐臭，而满是鲜血的亢奋，他眼中的狼烟和敌军不是代表着危险，而是上天带给他的礼物。战神与他并肩，死神为他开路，高亢的嘶喊声在他听来就是前进的号角，他只知道前进、前进！

结果他独创的"长途奔袭"闪电战首战告捷，斩敌二千余人，匈奴单于的两个叔父一个毙命，另一个被活捉。而霍去病的八百骑兵则全身而退。

汉武帝大喜过望，立即封他为冠军侯，以示他"勇冠三军"。

霍去病以夺目的战果征服了刘彻，他向世人宣告，汉家最耀眼的一代名将横空出世了。

河西一战

初战告捷令霍去病脱颖而出，所以在下一次重要军事行动中他成为刘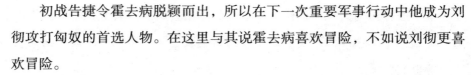彻攻打匈奴的首选人物。在这里与其说霍去病喜欢冒险，不如说刘彻更喜欢冒险。

刘彻也曾经有过十八岁的天空，他攒着自己的一腔抱负，却没有一个舞台任他挥洒。他在这个少年身上看到了过去自己的身影，同是天涯沦落人的怜惜之情逐渐转化成了助你一臂之力的慷慨之气。

但皇帝毕竟是皇帝，他不可能仅仅为了一个年轻人的梦想白白拿自己的江山做出牺牲。但前一次那个八百人的尝试，还是让刘彻放开了心结。刘彻知道有些人天生就有这种能力的。

元狩二年（公元前121），汉武帝任命霍去病为骠骑将军。

霍去病独自率领精兵一万带着武帝满满的信任出征匈奴。这就是河西大战。

这是一次远程进攻战。

这个时候的匈奴已经让汉军赶出了漠南，匈奴单于和主力右贤王也只好往漠北行进。所以对汉军威胁较大的河西走廊中的匈奴兵力就显得非常单薄了。

对匈奴空出这么一大块肥肉，刘彻是不会放弃的，刘彻要对独守河西的匈奴浑邪王、休屠王等部发起进攻。

这一路打过来，霍去病采取的是"坦白从宽，抗拒从严"的态度，对降服者予以安抚，对抵抗者则各个击破，大战之中甚至连单于的儿子都差点被霍去病俘虏。

六天之后，霍去病率军向西北进击千余里，十九岁的统帅霍去病不负众望，在千里大漠中闪电奔袭，打了一场漂亮的大迂回战。六天中他转战匈奴五部落，一路猛进，击杀匈奴折兰王、卢胡王、虏浑邪王之子及相国、都尉，获休屠王之祭天金人，共斩获八千九百余人。

大汉朝原本的孤星高照成了今天的双星闪耀，霍去病的小星星闪得一点也不比舅舅卫青暗。

从此，汉军军威大振，而十九岁的霍去病更成了令匈奴人闻风丧胆的战神。自此，匈奴患上了"恐霍症"，逢霍必败的咒语在他们的身上一次又一次地应验。

同年夏，为了巩固胜利果实，刘彻决定再来一次。入夏的一天，鸟叫虫鸣，花果飘香，这个美丽的背景与即将到来的一场盛大惨烈的战争极不相称。

第二次河西之战。刘彻似乎有意在让卫青休息，而让霍去病第三次挂帅，和骑侯公孙敖率数万骑兵出北地，分两路进击河西匈奴。而有多年战争经验的老将李广等人只作为他的策应部队牵制左贤王。

霍去病此战采用纵深外线迂回作战，他率精骑渡过黄河之后，沿着沙漠的南边，向西北迂回至居延海（今内蒙古额济纳旗北），又转向西南，沿弱水（中国黑河自金塔县的鼎新以下到额济纳旗湖西新段的别称）转向西南至小月氏（今甘肃敦煌市南湖镇旧关遗址西南），又转向东，至祁连山（今甘肃肃南裕固族自治县中部，酒泉市南）与合黎山之间的弱水上游地区，从浑邪王、休屠王军侧背发起猛攻，匈奴军仓促应战，经过激烈的战斗，汉军取得了决定性的胜利。浑邪王、休屠王率残部逃走。

霍家军的将士们凭着特别能吃苦、能战斗的精神前后降俘匈奴六千五百余人，从上到下完完全全都是以视死如归的决心奋勇拼杀。战绩包括俘虏单桓王、稽沮王、呼于屠王、酋涂王及五王母、单于阏氏和王子五十九人，相国、将军、当户、都尉六十三人，歼敌三万余人。汉军亦损失十分之三。

俗话说，老马识途，令人哭笑不得的是，配合作战的公孙敖等常跑大漠的"老马"居然在大漠中迷了路，没有起到应有的助攻作用。而老将李广所率领的部队则被匈奴左贤王包围。

霍去病再次孤军深入，胜利并再一次垂青了这位英勇的将军。公孙敖因迷失方向，未能如期与霍去病军会合。李广部四千骑出右北平数百里，因张骞部未能按时出塞，被左贤王四万骑包围。李广以圆阵对外防御，大战两天两夜，死伤过半。

再看看匈奴这一边，习惯胜利者姿态的匈奴单于伊稚斜怒了，他怎么也想不到以前像群羊的汉朝大军这次怎么就杀红了眼，一个乳臭未干的年轻人为什么会大败他们这群草原上的雄鹰。

伊稚斜单于愤怒地看着打了败仗的休屠王和浑邪王，眼神中杀气腾腾。

这两个打了败仗的王爷知道性情凶残的伊稚斜单于是不会放过他们的。于是二人一不做，二不休，干脆降了汉军。这投降也带后悔的，投降过程中休屠王匈奴人的血液忽然上涌，他明白自己站错队伍了，想要反悔。刚建成的投降同盟就有一个已经后悔了。

浑邪王铁了心要投降，最终他把这个没有搞清站哪一队的队友杀死了。

四万余匈奴降军，四万余断了翅膀的匈奴雄鹰向汉军走去。这次不是去战斗，这次是去投降。

这次投降是真是假，首先怀疑的就是刘彻，于是刘彻派霍去病前往黄河边接收降军，同时辨别投降的真假。

当霍去病率部渡过黄河的时候，仇人相见，分外眼红，果然本来说好了是来投降的匈奴部队登时有人就红了眼，举起刀就砍过来。

面对这样的骚乱，霍去病也不退缩，仍旧带着数名亲兵大步冲进了匈奴营帐，似乎这支部队真的就已经划在他的名下了，他要做的只是一个统帅应做的。他直面浑邪王，令他诛杀哗变的士卒。

我们永远也猜想不出当时的浑邪王心里在想些什么。那一刻他完全有机会把霍去病扣为人质或杀之报仇，只要他这样做了，单于不但不会杀他反而会奖赏他。然而最终浑邪王屈服了，他被这名敢于孤身犯险不惧生死的少年将军镇住了。草原上的雄鹰见到比他更凶猛的动物是会畏惧的，霍去病就是这种"动物"。

霍去病的气势不但镇住了浑邪王，同时也镇住了四万多名匈奴人，红眼病立时根治。

经此一战，汉匈两方的形势都起了很大的变化，匈奴不得不退到焉支山北，汉王朝收复了河西平原。曾经骑在汉王朝头上作威作福、使汉朝无数人家破人亡的匈奴人终于也唱出了哀歌："亡我祁连山，使我六畜不蕃息；失我焉支山，使我妇女无颜色。"

匈奴的优势已经开始慢慢地消失，伊稚斜单于没有想到中原汉王朝在四代皇帝的励精图治之下变得如此强大。

汉王朝此时也发行了新版地图，因为他们的版图上从此多了武威、张掖、酒泉、敦煌四郡。河西走廊正式并入大汉王朝。

第十章 星光灿烂的汉朝天空

这是中国历史上第一次面对外虏的受降，不但让饱受匈奴侵扰之苦百年的汉朝人扬眉吐气，而且从此使汉朝人有了身为强者的信心。刘彻终于看到了这一天。

太阳如常地照耀着这个经历了战火的国家，太阳如常地照耀着霍去病。黄河和长江像两条银带缠绕滋润着山地丛林。霍去病的气势从此成为中国历代兵家人生的最高追求，终生奋斗的梦想。而这一年的霍去病，年仅二十二岁。

炫目的年龄，炫目的战果，这时候的老天都开始嫉妒他了。

在完成了这样不世的功勋之后，霍去病也登上了他人生的顶峰——大司马骠骑将军。然而老天似乎是有意让他只伫立在这个顶峰，伫立成一座雕像。

年轻加荣誉就是神话。

刘彻时不时地翻开这卷神话，读着读着就会笑出声来，是开怀的笑、是得意的笑还是阴冷的笑？

胜利的喜悦卷走了一切烦倦，整个国家的人们都欢声笑语地庆祝着。但是有人在此时却不高兴了。

李广不高兴，他不高兴地死了；李广的儿子李敢也不高兴，他不高兴地跳了出来。

他不明白誓死战死沙场的父亲怎么会自杀。对于一个战士而言，没有死在战场上是今生最大的遗憾，况且这个战士还是李广。

李敢认定这其中一定有什么蹊跷，统帅李广的大将军是卫青，这一切一定跟卫青有关。

年轻气盛的李敢提着剑直奔卫将军府。

而此时卫青正和他的妻子平阳公主进行着一场并不怎么愉快的谈话。（到底是什么谈话？暂且搁一搁。）

正在这个时候，李敢大呼小叫地闯进来，拔剑就要和卫青单挑，卫青的身手对付李敢肯定没问题。

在将军府上撒野怎么得了，情绪激动的李敢立刻就被士兵团团围住。

卫青发话了，放他走，这件事不要张扬，就此打住。

卫青当然明白李敢为什么来闹事，对李广的死，卫青也是非常遗憾的，可惜李敢不明白。

这件事后来被同为大司马的骠骑大将军霍去病知道了，这还得了？

李敢是霍去病的手下，而今，他竟然去我舅舅那里闹事，火冒三丈的霍去病在一次陪同刘彻狩猎的途中用箭射杀了李敢。

李家两代将帅都死在了莫名其妙的事情上。

刘彻一听此事，更是大动肝火，连踢带踹地把霍去病给打了一顿，一气之下又把霍去病打发到了朔方。

走到半路，霍去病就死了。怎么死的？病死的。

人生七十古来稀，年纪轻轻又疲于奔命，加上之前喝了那不干净的水，当时的医疗技术又那么落后，稍微染点病立马就死了。况且在近现代医疗技术不那么差的时候，吃个冷饭也能感染伤寒而毙了命。

"去病"这个不雅的名字可能是从鬼神手中保住了他儿时的命，但是后来终究是没有驱赶走他年轻时的病。

关于李敢之死和霍去病之死，历来争议颇多。是偶然还是阴谋？是情绪的还是政治的？历史又一次被当作了小姑娘，任人打扮。甚至司马迁的《史记》都能被解读出另一种味道：司马迁是以不书写来暗示刘彻用政治手段消灭了霍去病。

司马迁说得好，"究天人之际，通古今之变，成一家之言"。历史，你不只是为了读出真相，更是为了读出自己的认识。你可能看到千千万万个答案，但适合你的总会是其中的某一个。还是那个问题，我们为什么学历史？除去那些将历史作为饭碗的人，大多数人还是因为兴趣吧。历史允许有分歧，辩论才可以完善自己的认识。

二十四岁，正是霍去病的生命如朝阳般蓬勃，功业如日中天之时，却病归黄泉撒手人间，我们怎么也不会想到，能战胜千军万马的少年将军竟然战胜不了自己的命运。他留给人们太多遗憾。

让我们再回顾一下这个少年短暂却英勇的一生。

霍去病作为根红苗正的本土外戚，也随着这其中的风光而享受到前所未有的万千宠爱，但身为标准外戚的霍去病似乎却是逆风而行的闪亮异数。霍去病虽为奴子，但是他出生时确实含着金钥匙，但他却从来不曾沉溺于富贵荣华，他将国家安危和建功立业放在一切之前。刘彻曾经要为霍去病修建过一座豪华的府第，霍去病拒绝收下，只说了"匈奴未灭，何以家为"这简短有力的八个字。

他从初登战场那天就坚持走实力路线，霍去病与他的任何战役绑定便可轻松成名。在这个残酷的战争年代，霍去病俨然是当今外戚花瓶派中难能可贵的幸存者。不仅幸存，而且存在得英勇。

不知道大家见过沙漠没有，那种荒凉和浩瀚只一眼就会在你的心头留下刻骨铭心的恐惧。我多年前随着旅游团拜访过那一地的荒凉，就算是团里有几十个人同我一起分担对这大漠的恐惧，我还是在冷风中瑟瑟发抖。

此时，笔者越发地敬佩霍去病，这样一个少年在这样的环境下，用自己内心无惧的勇气，凭着一副侠骨，一颗忠心，镇定指挥，每战必胜。我到现在都不明白，到底是什么让他那么蔑视死亡。

大概是他对死亡的蔑视触怒了苍天，我也只能这样解释了。

刘彻到底还是宠爱霍去病的，用隆重的葬礼把霍去病安葬在了自己的陵寝旁边。

霍去病把短暂美好的青春都献给了大汉王朝。

抢饭碗

我们接着说说在大将军幕府卫青和平阳公主进行的那一次不怎么愉快的谈话。

谈话的内容涉及一个主题，那就是抢饭碗。

漠南之战初露芒，两战河西定格局，决战漠北世称雄，霍去病凭借这一个个不可战胜的神话，基本消灭了汉朝几代以来的匈奴之患，全面获得了武帝刘彻的肯定和信任。

霍去病的死让刘彻非常伤心——唯有死亡可以迅速地麻痹一切感官，他调动铁甲军，列成阵队沿长安一直排到茂陵霍去病的墓地。他还下令将霍去病的坟墓修建成祁连山的模样，以彰显他力克匈奴的奇功。

霍去病在世时，短短三年就四次加封，功封万户侯。

漠南之战，霍去病横空出世，很是让刘彻惊喜了一场，立刻将其封为冠军侯，得 1 600 户；

两战河西，分别受封 2 000 户和 5 000 户；

受降浑邪王四万敌军，封 5 000 户；

漠南之战，封 5 800 户。共计 16 100 户。

分封主要就是分人口，汉代不像现在，人多地少。那时地多人少，人口才是宝。

万户侯又是什么概念呢？汉武帝时，前朝留下的万户侯只有平阳侯、轵侯和章武侯三位，其中章武侯又被刘彻除名，仅剩平阳侯、轵侯和后来加封的长平侯与冠军侯。可见卫青与霍去病是何等尊耀。而霍去病年纪轻轻就居此高位，真是叫人感慨万千！

在霍去病青云直上的同时，正当盛年的卫青却被刘彻养在家里。最明显的是元狩二年（公元前 121 年），霍去病一年内三次出征，屡立奇功，但是卫青整整一年没有动静。尊霍抑卫，仅仅因为刘彻喜新厌旧？

我们都知道，将军的价值在战场，将军如果不上战场，那么他的价值就等于零。

但是对这一切，卫青的态度基本是沉默的。除了偶尔跟自己的夫人轻描淡写地说上几句，或者安慰几句发牢骚的夫人。

沉默是最大的宽容。

这符合卫青的性格，同时也是卫青的弱点。卫青谦恭温和，重情重义，从不会说"不"。看看漠北大战时他用的将领，公孙敖救过他的命，公孙贺是他的大姐夫，曹襄是他的继子，李广是皇帝指派的。

他不由自主地陷入了权力的网络，虽然他没有那份心，但是别人正是利用了他没那份心。他的身上缠绕了太多的家族利益，是卫氏家族最理想的守护神。

而霍去病，则是另一种风格。他的得力手下几乎全是匈奴降将，选的将士都是能骑善射的低级军官，一切只着眼于战场，没有一个沾亲带故的亲友，甚至连一向由皇帝指派的裨将都拒绝接收。

这种方式保证了他在战场上的节节胜利，但却失去了以卫氏为首的皇亲国戚以及世家贵戚们的支持。卫氏家族没有得到丝毫的好处。所以说，霍去病虽然也是卫家的人，代表的却不是卫家的利益。

刘彻身上时刻有一种向前衍生的趋势和一股不可撼动的力量，这种趋势和力量分分秒秒飞速地疯长。为了防止外戚实力过于强大，为了避免吕后专政的情况再次发生，刘彻势必要做出选择。

政治的这个天平讲求的就是制衡，皇帝不是鲁智深，大臣不是垂杨柳，你不可能说拔就拔。这错综复杂的脉络纠缠，千丝万缕的利益关系，只能先制约，再清除。

刘彻看到了这样的威胁，看到卫青背后庞大的利益集团，又看到了霍去病的单打独斗。众叛不易，亲离容易。

所以尊霍抑卫，既是出于霍去病军功的伟大，又出于刘彻对霍去病的喜爱，更是出于刘彻政治手腕的需要。一石三鸟，何乐而不为？

虽然刘彻这一举措结束了卫青一枝独秀的局面，更给了霍去病只手遮天的地位。

但霍去病这个青年才俊似乎并不热衷于权力那一套，更不标榜自己有着多么显赫的战功。就在他成为骠骑将军之后，他找到自己的父亲，向当年抛弃了自己的父亲霍仲孺下跪叩拜。霍仲孺此时已经羞得不敢抬头了，他甚至不敢相信，眼前这个青年到底从谁身上继承了这种美好品质，他的性格不像我的性格啊。

随后，霍去病为这个曾经以他为耻的父亲置办田宅，还把后母的儿子霍光带到长安培养成才。

我们有着和霍仲孺一样的疑问，霍去病的血液里到底有着什么样的基因？

千载之后，世人仍然遥想少年大将霍去病的绝世风采，为他的精神和智勇而倾倒，为他那不恋奢华保家卫国的壮志而热血沸腾。

第十一章 我要真正的天下

从安抚到征服

由于匈奴伊稚斜单于连吃几次大败仗，损失了大量人马和牲畜，别无他法，只得躲起来先避避风头，所以汉匈边境也出现了相对和平的景象。尽管偶尔有小队匈奴人马小打小闹，但已经见不到大军猛进时扬起的滚滚烟尘了。

但双方的统治者还在各自盘算，伊稚斜单于想在大漠后面养精蓄锐，而刘彻想继续巩固旧战场，开辟新战场。

刘彻的野心伴随着他的每一次胜利而疯长，伴随着他的每一次失利而小长，反正无论结果怎样都是在增长。

刘彻一生都在诠释着他帝号中的"武"字，许多片未知的领域都隐藏着刘彻的勃勃野心——广征四夷，教通四海。

南越是刘彻最先开刀的对象。

早在秦始皇统一天下的时候，就在南越地区设置了桂林、南海、象郡等行政区，并且那个时候已经有了秦人和越人杂居的现象，两个民族人民相处得还算融洽，两族文化急剧地融合。

秦二世时，南海尉任嚣见二世昏庸，中原大乱，本想统领百越，独霸一方。但可惜心长命不长。病魔缠身，他也知道将不久于人世，就招来了心腹龙川（今广东惠州）县令——赵佗。

赵佗，嬴姓，赵氏，名佗，恒山郡真定县（今河北正定县）人，毛主席称其为"南下干部第一人"。

公元前219年，秦始皇派屠睢为主将、赵佗为副将率军平定岭南。屠睢因为滥杀无辜，引起民众反抗，被当地人杀死。秦始皇重新任命任嚣为主将，和赵佗一起继续平定岭南，经过四年的努力，岭南终于划进了大秦的版图。

临死之人不煽情就已经很有感染力了，如果煽情就连石头都会动心。

任嚣拉起赵佗的手，说着人生的最后一番话："这个秦二世比他老子还暴虐无道，天下人都非常痛恨他。听说陈胜、吴广反了之后，又有项羽跟刘邦闹起来了，中原现在是一片纷乱，天下不知道什么时候才能太平。番禺有山有水，地势险要，南海郡怎么说也有几千里地，你别嫌小，别跟着掺合中原的事了，就在南海安安生生建一个国吧。我恐怕是不行了，一切就全靠你了……"

交代完了，任嚣也安心地咽下了最后一口气。在此之前，他还伪造了一道诏书，诈称秦二世封赵佗接替他的南海尉一职。

任嚣这假证办得是非常重要的，也就是这么一个假的诏书增添了赵佗的勇气。

任嚣一死，赵佗正式继任，并立即移送檄文到横浦（今广东北江翁源浈水）、阳山关（今广东阳山）、湟溪关（今广东英德境内连江入北江处）这几处的秦朝守吏，说反叛的盗匪们很快就要攻打过来了，马上断绝与中原的道路，在关卡聚兵自守。

也正是这道命令让南越和中原地区断绝了联系。

赵佗又逐步地采用各种手段诛杀秦朝在南海郡设置的长吏，全部换上自己的亲党心腹，把握住了南海郡的军事、行政和经济等方面的大权。

秦朝灭亡之后，这有名无实的南海尉一职连最后的名都没有了。赵佗更加有恃无恐，他用手下的兵力在南方发起了兼并战争，桂林和象郡也成了他的势力范围。赵佗统一了南方，割据固守，自立为南越王。

高祖十一年（公元前196年），打了那么多年仗，也真的是打累了，老百姓也打怕了。刘邦不想用武力来对付南越。当然能不费一兵一卒地拿下一个地方岂不更有风度？

于是刘邦遣使臣陆贾带着诏书、南越王印和丰厚的礼物去招抚赵佗。

这赵佗给点阳光就灿烂。刘邦这种默许式的态度让赵佗心满意足，就连打扮也换成了越族人的服饰，左衽梳髻，傲慢地宣陆贾进来。

陆贾刚到南越，就见如此态度，一般人见了这种场面往往会有一般的一种反应：你抬我也抬，你摆我也摆。

不过陆贾不是一般人。

他非但没有生气，而且搬出了一堆大道理：您本身也是个中原人，根在中原，祖宗的坟墓可都在真定啊。可你看看你都做了什么！背叛父母的国家，忘记骨肉的情义，抛弃中原的服饰，想要对抗大汉天子，成为父母之邦的敌人。这样必将大祸临头啊！汉朝听说你在南越自立为王，本来要发兵征伐，因为不愿连累百姓，所以特意让我送来南越王印，正式立你为南越王。大王就应当用臣下的礼节来迎接皇上的诏书。如果大王抗拒皇上，不服从朝廷，那么皇上一定先掘了你的祖坟，灭了你的宗族，到时候再派一个副将率十万人马前来问罪，踏平南越只是翻一下手背那样容易。

赵佗听着陆贾的一席话，想法随着他的叙述越陷越深，深深地感觉到了自己的失礼，忙向陆贾道歉："我在这个蛮夷之地住的太久，一时之间忽略了中原的礼节，确实不妥，确实不妥啊！"

于是，赵佗恭敬地接过南越王印，做了汉朝的臣子，奉守汉朝约法。

在这一段时期，赵佗领着南越在各方面都迈大了脚步。积极吸取中原文化，引进中原先进技术，发展冶铁业，扩建番禺城，协调民族关系。对于汉朝来说南方边境获得了难得的安宁。

但这样的安宁并没有维持多久。

到了高祖七年（公元前181年）的九月，汉朝的大权已经全部掌握在吕后手里。吕后对南越看不顺眼了，她认为南越王虽然是高祖封的，但终究是一个外臣国，不受朝廷的直接统治，因此一直不将南越王作为中原的诸侯看待。

在吕后临朝称制的第四年（公元前197年），想制服南越的吕后就在长沙国通往南越国的地界上设立了关卡，严格检查禁运的货物。吕后下令：禁止把铜和铁以及农具卖给南越。就是卖给他们马、牛、羊的时候，也只能卖给他们公的，不给母的。

这下把赵佗给气坏了。但吃总归要吃吧，劳作也总归要劳作吧。

既然有求于人，赵佗也只能服软。他三次派人专程去向汉朝上奏章，承认过错，请求通好。没想到吕后是吃了秤砣铁了心的要灭南越，不仅扣留了他派来的三个使者——内史藩、中尉高和御史千，随即派遣大将隆虑侯和周灶领兵攻打南越。但由于中原的士兵不适应南越一带炎热和潮湿的气候，纷纷得病，连南岭都没有越过。

赵佗终于绝望了，索性一不做，二不休，砸碎了南越王印，宣布脱离汉朝，自称"南越武帝"。

赵佗凭借着他的军队扬威于南越一带，并通过威逼利诱的方式，使得闽越、西瓯和骆越等纷纷归属，领地范围扩张至顶峰。赵佗也开始以皇帝的身份发号施令，与汉朝对立。

公元前179年，汉文帝刘恒即位。要解决一国两帝的现状，他也选择了当年高祖的手段。不过汉朝已经委屈过他一次，如法炮制可能达不到效果了。于是他决定从赵佗祖辈开始，把他的纵向的列祖列宗，横向的九族亲人全部讨好一遍，看你买不买账。怎么个讨好法呢？

刘恒派人重修赵佗祖辈的墓地，安排守墓人每年按时祭祀。对于活着的人，他能赐官的就赐官，不能赐官的就给钱。反正他们一时都高兴得直感谢祖宗生了赵佗这么一个可能见都没见一面的亲人。

对于赵佗，刘恒想来想去还是任命了高祖当时任命的陆贾为太中大夫，再次出使南越，说服赵佗归汉。为表诚意，亲笔一封《赐南越王赵佗书》。

信的内容主要就是这几点。

第一，通告自己已经即皇位，将之前的龌龊事全都推到了前朝诸吕身上，顺便撇清与吕后的关系。

第二，自己已经充分满足对方的合理要求，仁至义尽。

第三，委婉指责对方轻动兵戈，允诺对方继续享有在岭南的高度自治权，同时隐含威胁，不承诺放弃使用武力。

第四，建议双方停止武力行动，重修旧好，暗示对方最好取消帝号，在名义上承认中央政府的最高权威。

第五，礼单。（略）

时隔十七年，陆贾再次踏过珠江的风浪，出使南越，重临番禺，拜见赵佗。世事如云，时移景迁，此身犹在，徒增而今听雨僧庐下之感。两位垂垂老矣的故友执手江畔，一声哽咽，一卷书信，一席言不尽的巴山夜雨。拳拳诚意加琅琅口才，他俩很快达成了谅解和协议：汉廷撤销禁运，"重开边贸，通使如故"；南越则除去帝号，"愿奉明诏，长为藩臣"。

洞明世事的赵佗立即下令："吾闻两雄不俱立，两贤不并世。汉皇帝贤天子，自今以来，去帝制黄屋左纛。"

一直到汉景帝时代，赵佗都向汉朝称臣，每年在春秋两季派人到长安朝见汉朝皇帝，接受汉朝皇帝的命令。

建元四年（公元前137年），赵佗去世，享年一百余岁。他的次孙赵眜接任南越王，碌碌无为，没有建树，事实上，接下来的几任继位者都是平庸无能之辈，因此南越对汉朝的依附性越来越强。

而此时的汉朝，已不再是当年那个不断咳嗽，只想着"安抚"南越的汉朝了。它在刘彻的统治下逐渐强大。

元鼎四年（公元前113年），刘彻令第三任南越王赵兴和太后入朝，这一次入朝，刘彻显然是带着很强的政治目的。这次大家要谈的买卖是收购。

来朝的太后是邯郸人，入越前就曾与汉朝的使臣有过交集。所以，年轻的太后和年幼的赵兴是非常愿意内属于汉朝的。但代表越人贵族势力的丞相吕嘉极力反对"内属"。

刘彻先礼后兵，当然如果能不用兵那更理想。他派了一个使臣和太后、赵兴一起去说服吕嘉，可吕嘉并不买账，起兵叛汉，杀了赵兴、太后和汉使，立赵建德为王。

敬酒不吃吃罚酒，刘彻生气了，利用南越国的内乱之机，于公元前112年发兵进攻南越。

毕竟水土不服，条件又艰苦，这场战争打得有些艰难。打了一年，终于是破了番禺。

刘彻把南越故地分为九个郡：南海、苍梧、郁林、合浦、交趾、九真、日南、珠崖和儋耳。前六郡在今广东、广西境内，后三个郡在今越南境内。

这样，由赵佗创立的南越国经过九十三年，历任五代南越王之后，终于被汉朝消灭了。

南越各地直接归入中国版图，自此一直没有脱离中国版图。

远方的小国

早就说过，刘彻的野心很大。

最早在建元六年（公元前135年）秋天，刘彻就已经和西南夷人打起了交道。他派王恢出击东越取胜以后，就派番阳令唐蒙出使南越国。

在南越国的招待宴会上，唐蒙很奇怪地发现食物中有一种蜀郡出产的枸酱。唐蒙就问当时南越的官员这怎么来的。对方回答，是通过牂牁江用船运来的。

对于这个答案，唐蒙心存疑惑，他想，柯江西达黔中，距南越不下千里，往来运输哪有那么容易？

这个疑问，唐蒙一直留存着直到完成使命后回到长安，询问蜀中来的商人。蜀商回答说：枸酱出自蜀地，并非出自黔中，不过当地土人贪利，往往偷带此物，卖给夜郎国人。夜郎是黔中小国，地临柯江，和南越交往密切，由江上往来，所以枸酱才会在南越出现。现在南越屡出财物，要羁縻夜郎，使他们成为役属，不过要使夜郎甘心臣服，可不是什么容易的事情。

唐蒙听了蜀商的话，茅塞顿开。同时，一个大胆的冒险计划在他的心中形成了。唐蒙把自己的主意立刻写成折子呈给刘彻。

这奏折千说万说其实也就一个意思，巴蜀是块肥肉，而夜郎则是个很好的吃肥肉的途径。

对于能美餐一顿的事情，刘彻是从来不会拒绝的，他马上批准了唐蒙的方案。汉武帝擢升唐蒙为中郎将，拨给他军队一千多人，令他带着足够一万人使用的补给，从汉朝西南边塞——巴郡的筰关（今四川合江县南）出发，深入这片蛮荒之地。

经历了一年多的翻山越岭，唐蒙终于进入了夜郎国境。

南夷部落有十几个，其中夜郎最大。

当年张骞出使西域，经过夜郎的邻国滇国，滇王不无炫耀地问："汉孰与我大？"（汉朝和我的国家相比哪个大？）后来到了夜郎，没想到夜郎王也问了同样的问题。坐井观天的国王实在不知道自己的国家只跟汉朝的一个县差不多大，汉使只能尴尬地笑笑。从此字典里多了"夜郎自大"这个成语。

唐蒙汉军一来，夜郎和冉两国一看情况不妙，马上表示愿意臣服于汉朝。

夜郎入朝之后，刘彻将其封为夜郎王。冉也不甘落后，就请汉武帝在其地设置官吏。

这边是刘彻高高兴兴地封王，那边是小国战战兢兢地等待。

刘彻一鼓作气，宣滇王也入京朝见。滇王赶紧动身，准备入朝。

在这个滇国东北与汉境相接的地方，有劳深、靡莫，他们与滇都是同姓，相互倚仗，他们阻拦滇王入朝，并多次侵犯汉朝的使者。

刘彻知道后勃然大怒。刘彻决定收拾这帮嚣张的家伙。

元封二年（公元前109年）的秋天，刘彻命郭昌和卫广从巴蜀出兵击灭劳深和靡莫。滇王与西夷脱离了关系，举国降服汉王朝，请求刘彻在其地设置官吏。

刘彻对匈奴人采取了急风暴雨式的军事行动，与匈奴人勾结的羌人也受到了冲击。

刘彻下令对河西用兵，匈奴人受到沉重打击，浑邪王和休屠王部众的投降使得羌人和汉朝发生了直接的接触。

刘彻派兵在河西驱逐匈奴的时候，也同时对诸羌施加了军事压力，逼迫他们向西迁移。由于匈奴浑邪王的内降和诸羌的西迁，使河西一带成为真空地区。

刘彻召乌孙回河西故地的计划落空之后，他为了加强在河西地区的边防，就在河西先后设立了武威郡和酒泉郡，从此河西一带正式成为汉朝的领土。汉武帝还不断招募百姓和输送犯人到河西地区开垦荒地，发展生产。这为以后开通西域和继续打击匈奴创造了有利的条件。

刘彻在河西设置郡县以后，西羌和北匈奴被南北隔绝，无法相通，这样，两者勾结共同对付汉朝的计划已经只有其形了。

元鼎五年（公元前112年）九月，分布在今甘肃临夏以西和青海东北一带的先零羌和封养牢姐种羌尽释前仇，结成同盟，再次与匈奴人相勾结，合兵十余万人，攻打汉朝的边郡令居县（今甘肃永登西北）和安故县，包围了枹罕（今甘肃临夏东北），边关告急。

刘彻派将军李息、郎中令徐自为率兵十万人，在元鼎六年（公元前111年）十月，出兵讨伐。经过强硬的军事行动，解开枹罕之围。于当年十月平定了诸羌的叛乱。

刘彻为了强化对羌人的管理与监视，在公元前111年，开始在羌人居住的地区设置护羌校尉，持节统领内附汉朝的诸羌部落。从此，青海东部开始成为我国的行政管理区域。

经过汉武帝的打击，先零羌移居到西海、盐池地区。汉武帝逐渐迁徙汉人充实河西的空地。后来到汉昭帝始元六年（公元前80年），又设置了金城郡，治所在允吾（今甘肃省永靖西北），原护羌校尉所辖的领地全部归属金城郡。

之后，刘彻在西南夷地区相继做了大动作，建郡置吏，行使直接统治。元鼎六年（公元前111年）春，在且兰置牂牁郡，以邛都为越巂郡，笮都为沈犁郡，冉駹为汶山郡，广汉西白马为武都郡；元封二年（公元前109年）秋，以滇、劳浇和靡莫等小国的故地为益州郡，西南夷族从此正式并入汉帝国的版图。

全方位的统治

刘彻的野心不止于此，除了在西、北、南三面大肆行动之外，向东又扩张到朝鲜半岛和乌桓故地。至此，今朝鲜中、北部地区也被并入了汉帝国的版图。

说起版图，我们第一个联想到的帝王就是秦始皇，但是，这位皇帝拿下的土地不到刘彻时期的二分之一。

刘彻即位的时候，朝鲜王已经传到第三世卫右渠。卫右渠仗着自己势力增强，就单方面撕毁了和汉朝的约定，不再按外臣应守的礼节来长安朝觐。不仅如此，为了扩大自己的势力，他还广泛地招徕汉朝的亡命之徒。

朝鲜半岛上还有另一个小国——辰国，其国王上书汉武帝，要求朝见。辰国在朝鲜的南面，去长安必须经朝鲜境内。卫右渠考虑到站在背后的辰国，可能借着汉朝的力量，变得强大，所以他拒绝辰国的使节经过他的土地。

刘彻感到了威胁，他担心汉朝的统治会因此而遭到削弱。

也正是由于上述种种原因，元封二年（公元前109年）的夏天，汉武帝派天使涉何前往王险城与卫右渠谈判。

这次谈判，涉何碰了一鼻子灰。

卫右渠派稗王前去送行，送的人和被送的人各怀鬼胎。稗王实际也是监视涉何及汉使团的行动，而涉何也考虑回去之后该如何向汉武帝交代。后来干脆把护送他的朝鲜稗王杀了。

回报刘彻说"杀朝鲜将"。汉武帝十分高兴，让他做了辽东东部都尉。

卫右渠听说涉何杀了他的稗王，当然不会放过这个嚣张的凶手，他派出一支骑兵奇袭辽东，把涉何干掉了。

既然谈不拢，就只有打了。

俗话说出兵无由处下风，这涉何一死倒是给了刘彻一个出兵的理由。

但具体怎么个打法呢？谁知道打朝鲜是不是一个赔本的买卖？

刘彻想了个省钱的办法，他下令招募天下犯有死罪的囚徒组成东征军，由楼船将军杨仆和左将军荀彘分别率领，从海陆两路进攻朝鲜。

刘彻想，光脚的不怕穿鞋的，对于这些本来都已经死过一回的人来说，打起仗来肯定特别卖命。

两军打仗，最可怕的武器是要命的武器，最可怕的人是不要命的人。

第十一章 我要真正的天下

汉军攻入朝鲜，卫右渠坚守要塞。楼船将军杨仆率舟师七千人，先行到达王险城下。卫右渠在情报中得知汉军人数不多，趁汉军立足不稳，地形不熟之机，即刻发动攻击，这不要命的部队还是大败溃散，逃窜到山区躲避。

杨仆费了十多天时间，才把剩余的部队集合。荀彘出辽东南下抵达坝水时，遭到朝鲜人的顽强抵抗，寸步难行。

原本坚信那套不畏死理论的刘彻，现在没想到自己手下的两位将领如此狼狈，大为惊异，他见军事上不能取胜，就改用政治手段。

于是，刘彻派使者卫山凭借汉朝征讨四夷的军威晓谕卫右渠。

这个卫右渠虽然有冥顽不灵的特点，但是事实让他清醒地认识到和汉朝对抗终究没有好结果。卫山的到来，正好给他架了一副长长的阶梯。卫右渠下台阶的速度非常快，立即就对卫山说：我愿归附汉朝。

卫右渠为了试探汉武帝是否有诚意，就派出自己的太子带上五千匹马和一批军粮随使者入汉。正要渡过坝水时，卫山和荀彘见朝鲜太子随从有一万多人而且持刀带枪，这哪是收降的架势啊，分明是想火并。

卫右渠怕其中有诈，坚决要求他们解除武装。朝鲜太子本就怀疑汉朝使者招降的诚意，疑心卫山与荀彘想遣散他的卫士，进而把他杀掉，于是拒绝北渡坝水，下令掉头回去。

煮熟的鸭子又飞了，你说你卫山摆那个谱干什么。

卫山垂头丧气地回报刘彻。刘彻大为恼火，他没想到这个卫山在这么关键的时刻掉链子，坏了他的大事。

对于掉链子的人，刘彻从来都不打算重新重用，下令把卫山推出斩首。

和平没了，战争又重新开始了。

在刘彻的逼迫之下，荀彘拼死进攻，大破朝鲜守军，强渡坝水，一直攻到王险城下，包围了西北两面。没想到卫右渠据城固守，汉军一连攻击了数月，也没拿下王险城。

汉朝此次领兵的两位将领带的兵是各有特点。

荀彘所部都是燕代地区的士兵，善战而骄，态度激进，暴力是这个团队的信仰。

而杨仆的部下大多是齐地的囚犯，曾被朝鲜人击败过，至今心有余悸，士气畏缩。杨仆在围困卫右渠时，采取和而不战，战而有节制的态度。荀彘却发起猛烈攻击，一定要踏平王险城。

这两种不同风格的将领立刻让朝鲜大臣们逮住了时机。

朝鲜的大臣们就利用他们之间的矛盾，派出密使觐见杨仆，谈判投降的条件，来往磋商，还没有最后决定。荀彘屡次派人要求杨仆约定日期发动总攻，杨仆每次都表示同意，但到约定时刻却坐山观虎斗。

仗还没打完，这两位将军就开始窝里斗了。

刘彻对两位将领的行动十分恼怒，他派出济南郡太守公孙遂前去调查处理。刘彻授权公孙遂，在紧急情况下，可以独断专行。

公孙遂匆匆赶到前线了解情况，先到荀彘军中。荀彘说："朝鲜早该打下啦，打不下来是有原因的。"这个荀彘絮絮叨叨，又将自己的怀疑都讲给了公孙遂。

两人一合计，认为这种猜测很有可能，就用符节召杨仆到荀彘的营中商议军事，杨仆领命而来，当即被公孙遂抓了起来。公孙遂下令，两支军队合在一起交给荀彘统领。

刘彻派他去本来是想让他规整这滩浑水的，没想到他没有劝架反而参与了斗殴。刘彻一气之下把他给斩了。

荀彘并统两军后，立刻进攻。朝鲜相路人、相韩阴和将军王峡等面对这种形势，立即商量起了退路："现在杨仆被抓起来，仗又越打越急，恐怕我们不能坚持到底，而卫右渠又不肯投降……"经过一番商议，他们一齐逃奔到汉营投降了。

他们降汉，大大削弱了朝鲜军队的力量。

这里再解释一下"相路人、相韩阴"，相，是宰相的意思。路人、韩阴是人名。朝鲜那时候不知道任官的法度，所以所有复杂的官职都称作宰相。

元封三年 (公元前 108 年) 的夏天，尼谿相参指使人杀死了卫右渠，投降了汉军。但王险城却一直没有拿下，原来有个叫成已的朝鲜大臣仍然继续抵抗不降。

荀彘这次先是发动了宣传攻势，派卫右渠的儿子卫长和降相路人的儿子路最告诉当地百姓停止抵抗，这次口头宣传的作用非常大，荀彘杀死了成已，王险城终于被攻破，卫氏朝鲜灭亡。

先前，元朔六年（公元前128年）秋天，东夷秽的君长南闾等二十八万人降附汉朝，汉武帝在其故地设置了苍海郡，后来专心对付匈奴，没有时间经营朔方，而且还放弃了苍海郡。

在灭掉卫氏朝鲜之后，刘彻重新在旧地设置了四个郡进行管辖，这四郡就是真番、临屯、乐浪、玄菟。

至此，今朝鲜中、北部地区也被并入了汉帝国的疆域。

刘彻时期才是一次真正的崛起，汉朝的势力到达了今天西方的中亚，西南的云南、贵州、四川，东北的黑龙江、辽宁、吉林，南方的海南、福建。

刘彻要的是真正的天下。

第十二章　你的心到底被什么蛊惑

低调的退场

刘彻在正要步入而立之年之际迎来了他的第一个儿子，正是这个儿子，让他母亲卫子夫成为民间灰姑娘的代名词。"生男勿喜，生女勿忧，独不见卫子夫霸天下"，卫子夫的故事让普通百姓家看到了希望。

刘据出生的时候，刘彻绝对处于狂喜的状态，因为皇后陈阿娇没生孩子，卫子夫又专生女儿（在刘据之前已有三个公主，分别是卫长公主刘妍、阳石公主刘娟、诸邑公主刘媚），刘彻苦苦等待终于盼来了自己的儿子。也正是这种喜悦让刘彻对卫子夫特别喜爱。

喜爱归喜爱，但要让皇帝钟情于一个女人是不可能的。也就是在这个时候，刘彻后宫的李夫人也生了一个皇子，刘彻给他取名为刘髆。

虽然刘据是皇长子，但是卫子夫还是为她儿子感到担心。

太子一天没有立，刘据这个皇长子就显不出什么优势。卫子夫虽然抢在所有女人之前，但是皇宫里什么事情都有可能发生。

早立太子虽然是卫子夫心中热切期盼的一件事，但是温婉的性格和她不能左右的境遇让她一直选择沉默。

卫子夫这种忧虑终于在一个清晨的朦胧薄雾中烟消云散了。

那是刘据刚满七岁的一个清晨，刘彻早早地来到了卫子夫的宫中，带着一个重大的决定——立皇长子刘据为太子。

立了太子，刘彻对刘据更是极尽作为一个父亲的宠爱。他不仅为刘据找了最好的老师辅导他研习《公羊春秋》和《谷梁春秋》，在刘据二十岁生日那年，刘彻更是为他建立了博望苑——专门供太子接待宾客所用。可见，刘彻希望这个时候刘据就能广结人缘，为将来继承皇位做准备。

做父亲的，当然希望儿子脾性像自己。但刘彻渐渐地发现这儿子越来越不像自己。

刘据生性温和，谦虚谨慎，看起来倒像个学者，根本没有一点帝王的霸气和血性，最重要的是刘据看不懂他父亲为什么这么爱打仗。

其实这父子俩的差别是很容易解释的。

刘彻的童年，见了那么多大汉的财宝、大汉的女人一次又一次地运向匈奴，使大汉威严尽失，刘彻在心中埋下了对匈奴仇恨的种子，同时也积满了一肚子的窝囊气。长大后，终于有了这样的舞台，他要把所有在心中堆积太久的东西发泄出来，发泄给全世界。

而刘据的童年，他天天听到的就是汉军又杀了多少敌人，汉军又死了多少人，花了多少钱。

刘彻对战争的疯狂是刘据对战争仅有的概念，那种深入骨髓的仇恨对于刘据来讲只是听说。不管从前汉朝多么窝囊，但在今天看来，汉朝没吃多少亏。这个时候，刘据是满肚子的疑惑。

刘彻曾经试图改变过刘据，但几次尝试之后，刘彻明白，性格是天生的，没法改变。

俗话说，物以类聚，人以群分，刘彻发现他和儿子的想法不一样，突然也就不想带他玩了。一句话，道不同，不相为谋。

卫子夫很快也感觉到了阵阵寒意，这种寒意不仅来自心理上，还来自身体上，卫子夫开始脱发了，曾经以为不会老的卫子夫，突然在一个对镜理云鬓的清晨看到了一地的落发。

当初刘彻看上卫子夫，一个重要原因就是"美云鬓"。如云如丝的美发让刘彻喜欢得不得了。而如今，卫子夫也不再被宠幸。

刘彻这种冷淡，让卫子夫和儿子感受到了前所未有的威胁。皇宫不仅仅是上演神话的地方，同时也是上演悲剧的地方，这样的故事他们没少听。

童话的悲伤也许就在这里，它容不得一点痛苦，只能用无休无止的快乐来填充，当快乐失去的时候，人们不知道这又是一则什么样的故事。

岁数大了，刘彻也变得越发敏感，娘儿俩的不安心绪很快就被刘彻察觉了，他觉得该做点什么了。

刘彻找到了大将军卫青，托卫青当个中间人转达刘彻对母子二人的情意。这一次，刘彻说了这辈子都很少说的一套温情的话。

汉王朝建立时间不长，一切都是从头开始，加上我国现在四面受敌，我现在身上的责任重大啊，我必须得变更现有不好的体制，这样才能让后世有章可循，并不是我喜欢打仗，要是不征讨四夷，我大汉江山将永远得不到安宁，这样一来，百姓也会跟着受苦。我内心非常困惑，我希望我的后世继承人不要像我这样连年征战，所幸，太子为人沉稳好静，将来一定能安定天下。我听说皇后和太子以为我不再宠爱他们，绝没有此事。

卫青听完后，立即叩首谢恩，他着实替姐姐、外甥捏了一把汗，然后诚惶诚恐地告诉了卫子夫和太子。这是一件天大的好事啊。

这似乎又成为一件让人疑惑的事情，因为这不符合刘彻的性格啊。

第一，虽然太子刘据心性温和沉稳，对父亲不断向四邻用兵非常反对，但是作为一个皇帝父亲，没有义务去解释你的疑惑啊，刘彻却解释得如此详细。

事实上，刘彻这次慷慨激昂地解释自己为什么这么喜欢打仗，这些话不仅仅是说给他儿子听的，还是说给天下人听的。也正是因为这样，刘彻找到了个大喇叭卫青。

第二，卫子夫这个皇后既不是媒婆牵线，也不是指腹为婚，而是刘彻自己从宫外带回来的，刘彻对卫子夫恩宠的成本是非常高的。

况且金屋藏娇和长门宫怨已经让刘彻的形象大打折扣了，所以，刘彻想借机弥补一下自己的形象。但此时刘彻的心早已远离卫子夫，心不想，眼就不想见。否则，刘彻为什么不亲自跟卫子夫说，怕卫子夫听后小嘴一撅向他撒娇，此时的撒娇就等于撒野。

第三，刘彻这种意义上的坚定正是说明了他那种意义上的动摇，说明刘彻在这个时候对这个太子也是非常有疑虑的。刘彻也是七岁被立为太子，他明白这个位置是最能给人无限遐想的，这番话既是说给别人听，也是说给自己听。他想坚定，他想相信太子就是大汉江山的最佳继承人选，但刘彻心中总有那么一点疑虑。

卫青的一番传达让卫子夫和太子刘据心中的一块大石头终于落了地。

哎，这一家老实人啊。

卫青不是田蚡，卫子夫不是王娡，他们的想法也只是老实人的想法。

卫青的确是老实人，随着卫氏家族的没落，卫青也渐渐地退出了历史的舞台，在少年英雄霍去病死后，刘彻再也没有发动过对匈奴的战争，在这段时间里，卫青的三个儿子都相继失去侯位。

元狩四年的时候，卫青任大司马。从此以后的十四年间，卫青的刀剑上就再没沾上一滴敌人的血。

至此，卫子夫和卫青双双失宠。

这到底是为什么？

因为刘彻感到了威胁，前所未有的威胁。

卫青不是单单一个人，卫青是汉朝大将军、刘彻的小舅子、皇后的弟弟、太子的舅舅。

卫子夫也不仅仅是个女人，卫子夫还是皇帝的妻子、一国之母、汉朝大将军的姐姐、太子的母亲。

刘彻最惧怕的就是约束感和威胁感，不论是在感情上还是军事上。

而恰恰这两个人就处在这样纵横交织的权力脉络中，刘彻感到了前所未有的拘束和威胁。

一代将宿，一个落寞的背影消失在夕阳里。

长生不老

人间这么好，我没有理由死。

这样一句感叹衍生出了刘彻晚年的一项重要爱好——方术。

《孝武本纪·第十二》，方士李少君对汉武帝说："祀灶则致物，致物而丹砂可化为黄金。黄金成，以为饮食器则益寿。益寿而海中蓬莱仙者乃可见之。"

汉武帝听了李少君的话，亲自祀灶，信以为用丹砂炼成黄金所制的器皿，可以益寿求仙。结果，这位号称自己是神仙的大骗子李少君"出师未捷身先死"，仙丹没炼成，自己先一命呜呼了。但即使如此也没能让汉武帝彻底醒悟，居然还捶胸顿足道："恨求少君不勤也。"

《史记·封禅书》记载，汉武帝时，方士李少翁因献仙方被封为文成将军，后来证实仙方无效，而且他还变着花样欺骗武帝，于是被下令处死。

汉武帝杀死李少翁之后，又怕因此断绝了方士的来路，于是掩饰李少翁的死因。他向另一位宠幸的方士栾大说："文成（李少翁）食马肝死尔；子诚能修其方，吾何爱乎。"

秦汉以来相传修道之人忌食马肝，汉武帝推说李少翁是因吃马肝而死，一方面为自己洗刷了罪名，另一方面又继续拉拢其他方士。后人有诗云：死为文成食马肝。

刘彻是非常不喜欢在同一块石头上摔倒的，这样既浪费时间又浪费体力，但是对于长生不老这件事，尽管一而再、再而三地上当，但他仍然痴心不改，不认为自己的追求是荒谬的，只是能帮助他实现自己追求的那个人迟迟没有出现。

刘彻对于长生不老可以说是心无旁骛，倾其所有。

有一次在一个祭天的仪式上，一个大臣问刘彻：黄帝当年升天的时候，他的妻子和家人都希望和他一起，但是这样却是不可能的，最后黄帝只能抛妻弃子。如果让陛下在妻子和升天之间选择，您会选择什么？

刘彻毫不犹豫地回答："将弃妻子如敝屣！"（抛弃妻子就像扔掉破鞋子一样！）

这就是真相，对于一个汉朝最有权势的人来说的真相。在刘彻的心中，没有小细腻，没有小感情，在他前进的道路上任何能牵绊他脚步的事情都是假象。

汉武帝刘彻于太初元年（公元前104年）建造著名的建章宫。建章宫北为太液池。《史记·孝武本纪》载："其北治大池，渐台高二十余丈，名曰太液池，中有蓬莱、方丈、瀛洲、壶梁，象海中神山龟鱼之属。"太液池在当时是一个相当宽广的人工湖，因池中筑有三座神山而著称。

为什么要在建章宫后面挖一个太液池呢？这与刘彻晚年的偶像秦始皇有关。相传在中国东边的大海里，有三座仙山，名叫蓬莱、方丈、瀛洲，仙山上有神仙居住。这个神话迷住了秦始皇，他想长生不老，于是多次派人去找仙山，寻求长生不老的灵药。他还亲自到浙江、山东的海边去求蓬莱仙人，但折腾了大半辈子，什么也没找到。

刘彻晚年，简直就是秦始皇的翻版。大兴土木，搞得民不聊生，百姓都上山当了土匪；横征暴敛，严刑峻法，有罪没罪就要砍人脑袋；迷信神仙，寻求长生之术；四处巡游，时而就跑到泰山上去搞个封禅大典。唯一的不同是，秦朝二世而亡，汉朝却百年兴盛！

刘彻毕竟生活在秦始皇之后，前车之鉴，刘彻也就不再坚持寻仙了，叫人在建章宫北边挖一个大池子，取名"太液池"，象征那茫茫大海，在池中堆土为山，象征蓬莱、方丈、瀛洲三仙山。反正找不到，还不如就在眼前自己建一个。

中国社科院考古所汉长安城工作队对汉长安城建章宫遗址进行了首次大规模的考古发掘。在一号建筑遗址内，考古人员发现了5座房址和大量的建筑遗物，显露出的建章宫规模非常宏伟，目前已发掘出建章宫前殿、太液池、神明台、凤阙等遗址。这个证据也客观地证明了《史记》中记载的汉武帝确实有造太液池求仙一事。

刘彻为了长生不老的确花费了不少财力物力。

历史是最好的见证人，汉武帝刘彻7岁被立为太子，16岁登基，70岁驾崩。在他长达五十四年的统治中，一大半的时间都在不断地征服、征服，剩下的一小半时间在不断地回忆、回忆。回忆到最后，自己都醉了。这么多丰功伟绩，忙活了大半生，眼下可以享清福了，这世界却马上就不是我的了。

老年的昏庸，往往是回忆太美。像秦始皇，那样的丰功伟绩，把自己都给笑糊涂了。刘彻的求仙之路，原本只是一个人的事。搞到后来，把整个家，甚至整个国家都差点搭进去。这就是汉代历史上著名的巫蛊之祸。

什么是帝王心态？我们分析一下，如果是普通人，往往对自己操纵不了的事情避而远之，而帝王就不是这样了，为所欲为已经成为他们的思维惯性了，尤其是对于刘彻。大臣不满意了，该杀就杀，该换就换；老婆不满意了，该换就换，该杀就杀。甚至他的孩子也不能幸免。

人间可操纵的事情对于刘彻已经不是什么问题了。"万寿无疆"才是他的一块心病。

而刘彻的热衷无异于给大汉国百姓做了最好的一则广告，效果和现在的天皇巨星代言差不多，你想想啊，连皇帝都信这个，都说这个好，咱们平头老百姓能不拥护吗？

于是，装神弄鬼的把戏很快在民间流传开来，所有小老百姓都在孜孜不倦地做着神神叨叨的事情，真可谓"齐桓公好服紫，而一国尽服紫"。

面对这么大的市场需求，方士成为当时最流行的职业。

有一个方士，姓李，名叫少翁，其实也不是什么名字，就是因为他长着一张年轻的脸，头发却雪白，自称好几百岁了。

这年，刘彻因为宠爱的王夫人生病死了，所以整天郁郁寡欢地想念着她。

这王夫人是谁？王夫人在卫子夫还是夫人的时候便得宠，但生子却在卫子夫之后，生了二皇子齐王刘闳。后来卫子夫年长色衰，也就是前面提到的落发满地，王夫人成了专宠。后来《汉书》把下面的招魂故事移到了李夫人身上，但事实上这是发生在王夫人身上的事。另外王夫人身上还发生了卫青赠五百金为王夫人双亲祝寿的故事。

少翁觉察到自己的用武之地来了，就四处宣扬，说自己有仙术，能让死去的人显灵。这话终于传进了刘彻的耳朵，正合刘彻的心意，于是，赶紧派人把这人请来。

少翁见过武帝之后，向他索要了王夫人生前的衣服，准备了一间屋中挂着帷幕的屋子，幕后点着蜡烛。少翁站在帷幕旁开始作法，刘彻远远地坐在幕前等着。

到了三更时分，帷幕上朦朦胧胧地映出一位天仙般美貌女子的身影，刘彻睁大了眼睛，却怎么也看不清，但越看越觉得是他日夜思念的王夫人——这是有文字记载的中国最早的皮影戏了。

刘彻按捺不住心里的激动，站起身来，犹犹豫豫地向帷幕走去，想一吐相思情。

少翁半睁着眼看出刘彻的意图，立刻停下来挡在了刘彻面前，说，陛下切不可靠近，这是王夫人的魂魄归来，阴阳究竟是两条路。陛下阳气过盛，若揭开帷幕，阴气不胜阳气，王夫人的魂魄一下就给冲走了。

刘彻被少翁的话唬住了，无可奈何地又坐回去，远远地看着王夫人的影子。虽然不能握手谈心，但见上一面总算也是一番慰藉；见是见着了，但是这么远，那么朦胧，总还是有些不甘心。

慰藉与不甘，相互缠绕，两种情感的冲击不由得才思上涌，随即作诗一首：

是耶非耶？立而望之，偏何姗姗其来迟？

王夫人的魂魄，直到第二天清晨才淡淡隐去，李少翁的法术却深深留在了刘彻的心里。刘彻心想，少翁虽说不会打仗，但应让他体面地与神仙交往。于是拜少翁为文成将军，赏黄金万两。

少翁受到皇帝的宠信，于是更卖力地吹嘘他的法术。他见刘彻对神仙如此着迷，就对他说，陛下如果想与神仙往来，那就应该把宫里的陈设都改一改，皇宫现在的样子可不像是神仙会降临的地方。

刘彻一切听从少翁的意见，下令工匠们把皇宫中所有宫殿的殿顶、柱子和墙壁都画上五彩云头、仙车之类的东西，帷幕和被服上也都绣上神仙的祥云。

另外，盖一座专供神仙居住的甘泉宫，里面建筑高台，台上再造屋，画上天地之间各式各样的神像，摆上各种祭祀用的法器。

这样折腾了一年，钱是花了不少，心思也费了不少，可是神仙的影子却没见着半个，刘彻就开始怀疑了。

一看皇帝这边起疑心了，少翁也紧张了。为了挽回皇帝对他的信任，少翁不得不再弄玄虚，他把稀奇古怪的字写到布帛上，拌到饲料中，让牛吞下。

这天，少翁请汉武帝到甘泉宫去求仙，他事先吩咐手下牵着那头牛从他们身边走过。少翁指着牛对刘彻说，这牛肚子里有不平常的东西。然后又装模作样地掐指一算，说，这牛肚子里有天书。

刘彻顿觉神秘，叫人当场把那头牛宰了，果然在牛肚子里找到一条有字的布帛。

这一出戏让大伙儿对少翁佩服得五体投地，一个劲地夸他是"仙人"。刘彻比较冷静，毕竟自己是皇帝，不用奉承谁，也不怕得罪谁，所以有更多的时间来思考。尽管帛书上的字写得古怪，字句也不好懂，可刘彻还是看出了端倪：这字迹分明就是少翁的笔迹。

刘彻不动声色，冷冷地看着少翁，少翁做贼心虚，赶紧把眼睛转向别处。

刘彻明白了个大概，喝令手下把少翁绑了，自己要亲自审理。

在刘彻的严厉诘问下，少翁全招了。刘彻自以为精明，现在反被人愚弄，顿时恼羞成怒，下令把少翁斩了。

少翁被斩后没多久，黄河决口，水灾非常严重，附近的百姓都难以生存。

这时，来了个少翁的同门师弟，叫作栾大。这栾大可是个如假包换的美男子，而且说起大话来，眼睛都不眨一下。当年少翁就因为说谎话时被眼神出卖了。栾大见到了皇帝，就说："黄金可成，而河决可塞，不死之药可得，仙人可致也。"自己是可以使点法术请神仙来把口子堵住的。

刘彻经过了少翁一回事，多少有点不在同一个地方跌倒的意思，但同时又有点后悔，也许少翁真有不老神药，只是还没拿出来。所以摇摆不定，不知该怎么做。

栾大看出了刘彻的心思，就自告奋勇地表现一下。栾大表演了斗棋，只见棋盘上棋子互相撞击，令人眼花缭乱。

其实这只不过是一个现在连小学生都会的小魔术：栾大预先在棋子上涂上磁石，用带磁的钢棒在棋盘下牵引，棋子当然就互相撞击了。

刘彻虽然威武，但仍被迷惑。所以，看待历史人物，无论如何也不能脱离他所处的那个历史背景。刘彻大喜，拜栾大为五利将军。

几天之后，又封了栾大天士将军、地士将军、大通将军和天道将军四将军的头衔，赐了四颗玉印，以二千户的食邑封栾大为乐通侯，并把自己最喜爱的女儿卫长公主嫁给了他，光陪嫁的黄金就有一万斤。

少翁毕竟吹的是牛，只要牛皮吹不破，还是可以骗骗人的，可栾大这次吹的可是黄河，这可不是闹着玩的，栾大使尽了花招，也没请来堵黄河口的神仙，他的骗人勾当被人揭穿后，刘彻倒也没心痛闺女守寡，这位红得发紫的方士栾大，又被刘彻给斩了。

我们常说，透过现象看本质，这两位使刘彻受骗上当的方士都被刘彻识破机关并掉了脑袋。然而，刘彻却只是看出他们是假方士，却没有看出方士之假；只是看出他们的伪方术，却没有看出方术之伪。

公元前89年（即汉武帝即位第52年，他69岁那一年），刘彻依然继续求神仙。这一次出门巡游，费了五个月时间，花了无数金银，往返一万八千里，还是没看见神仙。这才开始脚踏实地整顿朝政。

终于，在看出方士之虚、方术之伪的暮年。刘彻说了一段百感交集的话："昔时愚惑，为方士所欺，天下哪有仙人？尽妖妄耳！节食服药，差可少病而已。"

这无疑和现在著名演员代言之后，说那产品我压根没有用过是一个道理。不知道因为汉武帝信方士、信方术而一辈子跟着疯疯癫癫信方士、信方术的人们听了这话后有何感触。

刘彻的女人

大将接二连三地死去，刘彻却隔三差五地换着女人。

讲这些女人们，估计有些人不会愿意看，因为类比刘彻前期的女人们，这些女人比较老实，她们的起落完全是掌控在刘彻并不坚定的情感之中。

在卫子夫色衰失宠的时候，更多的美女充实了刘彻的后宫。

在这些女子当中，赵国王夫人为武帝生下了儿子齐王刘闳，尤其得宠。但这个美人有命享，没命活，她在最为得宠的时候却早早谢世。不久之后尚未成年的齐王也死去了。

在王夫人去世之后，又一位美女进入了刘彻的视线。她就是中山国的李夫人。

这个李夫人的出身也是歌舞伎，和卫子夫出身相同。

"北方有佳人，绝世而独立，一顾倾人城，再顾倾人国。宁不知倾城与倾国，佳人难再得！"

因犯法受了宫刑的李延年，待在皇宫里担任养狗的职务，后来因擅长音律歌舞，受到刘彻的宠信。一次歌宴上，李延年就献了这一支歌。

因为这支曲子，李延年的妹妹得以入宫，刘彻初见她时，惊为天人，立刻纳为妃子，备受宠爱。

但刘彻爱的美女似乎命都不太长，有的是生病死的，有的是犯错了被处死的。

刘彻这个时候还真有点是女人的克星，李夫人给刘彻生了一个老五刘髆之后，不久就死了。她死之前死活不让武帝看她生病的模样，每次刘彻去看望她，她总是蒙个被子不见刘彻。

这个李夫人可谓是最有自知之明的女人，世界上没有无缘无故的爱。她知道刘彻因什么原因爱他。她宁愿让刘彻永远记住她美丽的一面也不要在死之前以憔悴的面孔吓刘彻一跳。

李夫人揣摩男人的心理是很有一套的。

男人折服和惦记的往往不是最好的，而是最遗憾的。

李夫人的冰雪聪明和清醒理智，终于在她去世后得到了事实的验证。

刘彻因为格外宠爱李夫人，她的两个哥哥也全部都沾了光。

李延年被刘彻封为协律都尉，另一个兄长李广利则被封为贰师将军去征大宛抢宝马，后又多次出师匈奴，不过战绩平庸。

同样是因为外戚而得到重用的李广利，军事才能显然不如卫青。这就是刘彻和马的故事。

天汉二年（公元前 99 年）秋，刘彻遣贰师将军李广利带骑兵三万攻打匈奴浚稽山之战，派李陵为李广利的后勤部队。

李陵是著名将领李广的孙子，跟他爷爷一样是军事天才。刘彻派自己的大舅子李广利进攻匈奴，想叫李陵负责运粮草。李陵能耐大，心气也高，向武帝请求：我手下都是强人，别浪费了。我想自己领着他们单独跟匈奴作战，这样也能分担李将军的压力。

刘彻只拨给李陵五千步兵。李陵心甘情愿地带着五千人从居延出发，向北行进三十天，到浚稽山扎营。

不曾想李广利的主力部队没打什么仗，李陵带着五千步兵倒碰到了匈奴三万人的骑兵部队。原以为这三万匈奴骑兵会像割麦子一样一扫而过，把李陵五千人打得东倒西歪，却不想李陵的部队还真够凶悍，不但没被三下五除二地收拾掉，反而把匈奴骑兵打得落花流水。

关键时刻，李陵军中汉军出现了一个叛徒，李陵的手下有一名士兵因为受到上司的羞辱而投降了匈奴，匈奴人知道了李陵只有五千人，而且没有后援，李陵把仗打得太嚣张了，匈奴人怎么也咽不下这口气，出动了八万人跟李陵玩命，以举国的兵力要把李陵放倒。

李陵一点不含糊，边跑边打，又杀了上万匈奴士兵。后援迟迟不见，箭矢也早已用尽，匈奴单于一看机会来了，立刻组织进攻，李陵剩余的三千士兵几乎手无寸铁，不得已只能斩断车轮当武器，军官们也只有短刀。军士死伤严重，又被围困在峡谷，没有后援部队，最后只得投降。

朝廷百官一听说李陵投降了，个个翻脸不认人，对他是嘲骂声一片。

刘彻此时已经非常生气了，但他还是压住自己心中的怒火，问身边的史官司马迁该怎么看待这件事。

其实司马迁跟李陵真没什么交情，连酒都没一起喝过一顿，只是觉得该说几句公道话。

李陵孝顺母亲，爱护兵士，向来有报国之心，长久以来养成了国士之风。今天他战败了，那些只盯着这个污点大做文章的同僚，实在令人痛心！况且李陵兵士不足五千，深入匈奴腹地，杀了对方几万人马，虽败犹荣。

历史原来这么有趣 · 汉朝卷——汉武大帝刘彻

他之所以投降，是想再找机会立功赎罪，报效朝廷。

刘彻一听，火气蹭蹭往上蹿，把司马迁打入了大牢，就因为这么几句话，司马迁被刘彻判了个非常残忍的宫刑。

也正是这次宫刑，改变了司马迁的一生，成就了一部旷古巨作。

刘彻为什么这么生气？原来这场战争刘彻本来就怀有很大的私心，任用李广利出征就是想让李广利立功封侯，以告慰李夫人的在天之灵。

可这个李广利偏偏不争气，带三万人出兵，杀敌一万人，自己倒损失了两万人，典型的买一赔二的赔本买卖。这让刘彻颜面扫地，而此时司马迁说出口的一些赞扬李陵的话，在刘彻听来，明摆着没说出口的就是一些讽刺李广利的话，也就是间接地在讽刺李广利背后的自己。

司马迁因"欲沮贰师，为陵游说"被定了诬罔罪名。诬罔就是诬陷毁谤，是大不敬之罪，按律当斩。

于是司马迁被投进了大牢，不过没有被判死刑，案子交给了一个臭名昭著的酷吏——杜周。经过前面两个酷吏，读者们对酷吏这个词应该有个概念了吧？这个杜周每天变着花样地玩各种变态的刑罚审讯，不止是摧残身体，更是对精神的折磨。但司马迁始终没有认罪，坚持认为他做的只是一个臣子应该做的。

后来，有传闻说李陵帮着训练匈奴兵对付汉朝，刘彻原本就有怒火，这风一吹，怒火更旺了。也不管真的假的，灭了李陵一家子。司马迁也直接被判死刑。

不过，刘彻时期有一个特别的规定，就是判了死刑的人可以有三个选择：乖乖受死；花钱免死；宫刑代死。

前面提到的李广、公孙敖都是花了钱免死的，但是花钱免死可是需要五十万钱啊！这五十万钱对于官小家贫的司马迁来说无疑是一个天文数字。

于是司马迁的面前只剩下两条路：被斩或被宫。

站在这样一个人生的三岔路口，面对生与死、义与耻，司马迁久久思索。反正待在阴湿的大牢里也不能做什么事，每天就是在不停地想，站着想，坐着想，躺着想，往前想，往后想，吃饭时想，甚至做梦时也想。

为什么这么纠结？为什么不舍生取义？男子汉大丈夫，砍头不过碗口大的疤，十八年后又是一条好汉。这种豪情壮志每个豪杰都会有，尤其是情感喷薄的文人。"粉骨碎身浑不怕，要留清白在人间"。

司马迁是豪杰，更是豪杰中的文人。他当然想以死保名节。但是即使他慷慨赴死，世人只会把他看作是罪大恶极，根本不会当他是为保全名誉而死。"若九牛亡一毛，与蝼蚁何以异？而世又不与能死节者比"。

既然死不足惜，那就活下去，活到够了再死。

但是活下去的条件是被"宫"。宫刑的残忍仅次于斩首，当时人们的思想中还残留着原始时代对生殖器官崇拜的影响，生殖器官的重要性仅次于头颅。实际上宫刑是比斩首更残酷、更持久的刑罚，受刑者终生受辱，生不如死。

宫刑使受刑者丧失性能力，从而断子绝孙。这在十分重视子嗣和后世香火的封建社会，无疑是脸上一道永远鲜明的伤疤，一个永远叫人抬不起头的耻辱！

司马迁事后回忆，尽管遭受了杜周种种变态的刑罚，但唯有这宫刑，"每念斯耻，汗未尝不发背沾衣也"，直言"诟莫大于宫刑"，只想"引决自裁"。但如果真的自裁了，那先前做的抉择，就真的白搭了；受的耻辱，就世世代代洗脱不了了。

读史使人明智。自己胡思乱想终究是左右为难，这时就少不了精神导师。周文王被拘于羑里而推演《周易》；孔子在困厄之时才著作《春秋》；屈原放逐才赋有《离骚》；左丘失明后终有《国语》；孙膑遭受膑刑乃修兵法；吕不韦被贬蜀地才有《吕氏春秋》传世；韩非被囚秦国方作《说难》、《孤愤》，《诗》三百篇，大多是贤圣发泄愤懑而作的。

这么多精神导师现身说法，用自己的经历开导了司马迁。司马迁也清醒地认识到，"人固有一死，或重于泰山，或轻于鸿毛"，而最遗憾的就是"鄙陋没世，而文采不表于后"，他要做的便是，在耻辱中"诚以著此书，藏之名山，传之其人"，以"偿前辱之责"。

至此，作为一个男人的司马迁殒身死了，但是作为一个千古史官的司

历史原来这么有趣·汉朝卷——汉武大帝刘彻

马迁却长存于世。

能让历史存档的往往有两种人：一种在烟花尘世的繁华中张扬而去；一种在艰难残酷的现实中塑为永恒。一种是肉身，一种是灵魂。而司马迁用自己残缺的身体呈现给我们绝美的灵魂。

重量级小人

旧人虽然去的不少，但刘彻搭的舞台上从来不缺乏情节，也从来不缺少演员。

刘彻老了，但"病树前头万木春"，新的面孔总在不断地出现，不断地交替。

光脚的不怕穿鞋的。这句话反过来看，也就是：这人啊，拥有太多就会怕失去太多。晚年的刘彻，完美地诠释了这种心境。

儿童时期就吟唱着"大风起兮云飞扬，威加海内兮归故乡"的豪迈的刘彻，晚年忽然变得谨小慎微，疑神疑鬼。他总觉得大汉江山的砖砖缝缝里藏着些什么不为人知的东西。

一天，刘彻的贴身太监刚刚上班，便收到一封呈交皇帝的奏状，刘彻立刻打开阅览，愤怒从奏状的字里行间涌进了刘彻的心里。

也正是这封看似平常的奏状，引起了深宫之中翻天覆地的变化。

这封奏状的执笔者就是江充。

这江充是什么人？刘彻执政期间名声最大的恶人。一个人做几件坏事不难，难的是一辈子只做坏事。江充就达到了这样的境界。

看看他的发家史。江充原名江齐，赵国邯郸人，一开始只是个市井无赖，能祸害的也就那么一条街。

但江充有一个年轻貌美、能歌善舞的妹妹，为了改变自己的命运，他把妹妹嫁给了当时的赵国王世子刘丹，这个江充也从市井无赖一下升为赵王刘彭祖的座上客。

这封奏状中到底写了什么？

奏状中说赵王刘彭祖的王世子赵丹和其姐妹私通淫乱，并且还结交地方豪强，为非作歹，已经到了地方政府没法管的地步了。

奏状中说的是诸侯国的事，这就犯了刘彻的大忌，刘彻登基以来就用尽浑身解数来遏制诸侯国的嚣张气焰。一见哪个诸侯有什么风吹草动就恨得牙根痒痒。

汉朝那个时候对乱伦罪的处罚是非常严厉的，这些都不是主要的。最重要的是奏状中提到了赵国王世子结交各路豪强，肯定是想图谋不轨，这可是刘彻最大忌讳之一。江充这一状，告到了刘彻的心坎上。

这又是哪出？江充怎么会状告自己的妹夫刘丹？原来，这刘丹做了太多亏心事，天天提心吊胆的。而这个时候，江齐（江充这个时候还叫江齐）和刘丹形影不离，好得几乎要穿同一条裤子，所以刘丹做的苟且事，江齐知道得清清楚楚。

但后来不知什么原因，刘丹他父亲赵王知道了这件事，狠狠地把刘丹教训了一顿。刘丹憋屈，怀疑是江齐把自己的隐私告诉了赵王，便怀恨在心。鉴于江齐知道的太多，刘丹想来个斩草除根，但竟然让他逃脱了。刘丹或者是为了找个出气筒，或者是为了杀鸡儆猴，把江齐的父兄抓来杀掉了。

江齐不傻，改名江充，逃到了天子脚下——长安。一来好安身；二来顺便告个御状。你不是说我打小报告吗，我现在就打给你看！

看完奏状，刘彻立即派兵包围赵王的王宫，拘捕王世子刘丹，经过审理，判了死刑。

这一下可急坏了刘丹的父亲赵王，为了救儿子一命，忙上书求情。赵王是刘彻同父异母的兄弟，所以说话多少还是有点效果的，但却无法改变刘丹的霉运。更多的是鉴于他在书中表态愿意带领赵国的武士攻打匈奴，以此来赎王世子的死罪。

刘彻最终免除了刘丹的死刑，但废掉了他作为王世子的资格——废王世子，命运会好到哪去？

江充算是没有功劳也有苦劳，引起了刘彻的兴趣，刘彻下令接见江充于犬台宫。

这个犬台宫就是皇帝玩狗的地方，刘彻在这个地方的接见江充倒也符合江充的秉性。可惜，江充远不如狗忠诚。

这千载难逢的机会，可一定得抓住。怎么抓呢？还是得哗众取宠，给人眼前一亮的感觉。先入为主，以貌取人，也就是说第一印象往往影响着人的判断。

江充身穿织丝禅衣，一套繁杂拖沓的服装，多少带点妇人味道，丝帽上彩色鸟羽作缨，走起路来上下摇晃，加上江充生就一副好皮囊，相貌堂堂，身材伟岸。汉武帝一见便认为他与众不同，对左右说："燕赵真是多奇士啊！"

江充的确是达到了给人眼前一亮的感觉，还让刘彻先入为主地把他看作了奇士。

刘彻又问他时政，江充引经据典，对答如流——多亏了前几夜的临时抱佛脚，战前突击加运气。刘彻非常满意，更加认定这是个人才。

"眼睛是心灵的窗户，牙齿是职场上的敲门砖。"这句话分开来讲，就成了江充步入仕途的原因——刘彻的眼睛相中了他，他的口才抓住了命运的喉咙。

江充清楚地知道，刘彻平生最重视的就是对匈奴的战事。因此，在得到刘彻的赏识后，立即自荐，请求出使匈奴。刘彻问他出使匈奴有什么打算，江充却回答，出使要因地制宜，以敌为师，事情不应该预先就设定好。刘彻又惊讶了一番，当即任命他为谒者，出使匈奴。

江充从匈奴回来之后，也算是个汉朝的"海归派"，就做了直指绣衣使者。这个直指绣衣使者，是皇帝派出的专使，出使时持节仗，衣绣衣，可以调动郡国军队，独行赏罚甚至可以诛杀地方官员，负责督捕三辅境内的盗贼，监察豪贵们的越礼过分行为。

江充从一个亡命之徒，摇身一变，成了一个备受尊崇的绣衣使者。你说，他能不感激奋发吗？新官上任三把火，江充的魁梧决定了他卖不了萌，那就"卖直"吧。

江充不学却有术，他这一"直"，倒有不少人栽在了他的手上。不过他的功夫，主要是用在纠劾驰道上犯禁的事。

驰道，是专供皇帝驰行的道路，是一条宽阔的林荫大道。汉朝法令规定，臣民不得擅自骑乘车马行驶驰道。这驰道就好似皇帝的面子，皇帝会愿意自己的脸面被人家踩在脚下吗？尽管如此，由于这么好的路面诱惑力实在太大，一些皇亲国戚还是忍不住地"犯禁"。

江充看出了刘彻的爱慕虚荣和驰道的面子问题，同时他还揣摩出了另一块困扰着刘彻的心病。

当时在老皇城根下有支北军，这支北军的职责就是平时维护一下京城治安。不过因为做贼的也都有专业素质，踩点一般也不会选择在京城，所以，北军几乎一年到头也没个正事，只是看着威严，而如果遇到战事紧急，这北军还得拿武器上战场。

但这支军队不是正式编制，所以军饷就成了一大难题。

江充就向刘彻奏请，今后如果有人在驰道上犯禁，一律没收车马，把人关押在北军军营，送到前线去打匈奴，如果不想去就让家人拿钱财来赎。刘彻准了。

江充这招，对自己，对刘彻而言都是一石二鸟。

于是江充在驰道上布下了一张黑网，大肆捕捉驾车驶入驰道的车马，一时截获颇丰。就连馆陶公主因犯禁驶入驰道也被江充挡下。馆陶公主不得不搬出太后这座靠山，说是太后的诏命。江充面不改色，回道，只有公主可以，随从车骑都不行。便把车马没收，随从处罪。

许多贵戚因犯了禁，被关在了北军营，他们的家人都惶恐不安地跑来向刘彻叩头哀求，献金赎罪。一下为北军敲来数千万钱，刘彻的心病顿时消弭了。

江充深得刘彻的欢心，刘彻称赞他"忠直，奉法不阿"，而且很能办事。

得了便宜，江充更有兴致地"卖乖"了。

这次，江充在甘泉驰道上，发现了一条大鱼——皇太子刘据的使者，打狗看主人，这太子的使者就代表着太子本人。

江充毫不犹豫，当即派人扣下车马，给他开了罚单。太子知道后，赶紧找人向江充赔不是，说，我并不是爱惜车马，而是不想让皇上知道后以为我平日里不管教左右，还请您宽恕一次。

一般人看在太子的面子上，这事也就过去了，况且当事人真的是太子，以后是要当皇帝的人。但江充根本没有理会太子的求情，马上奏报刘彻。

刘彻知道以后，大大嘉奖了江充秉公执法的精神，说："人臣当如是矣。"

江充由此"大见信用，威震京师"，在皇亲国戚面前大大地耍了几次威风，刘彻给了他一个肥差——水衡都尉，掌管上林苑的农田、水池、禽兽。

刘彻之所以给他这个官，一来因为他已引起众怒，该避避风头了；二来是想给这个效了一阵犬马之劳的御用黑脸一些油水，做点补偿。

上任没多久，这个一向"忠直"的宠臣，竟把自己宗族里的人及知亲好友，能安排的都安排在了自己手下，每人一份美差。人以群分，这些人和江充都一个品性，上下其手，简直什么事都干得出来。没过多久，"奉法不阿"的江充就因犯法被罢了官。

这只是暂时的消停，江充真正的大任务还没有来呢！

刘彻的假想敌

对刘彻的描述中，我毫不避讳那些看上去并不光彩的记载，比如说他看中小人江充、听信佞臣谗言、冷酷无情，但这就是真实的刘彻。

我希望呈现给大家的刘彻是立体的，是生动的，而不是书中一幅扁平失真的画，不是一句假大空的评价。我只想告诉你一件简单而重要的事情：刘彻是一个人，而且是一个无比真实的人，他从来没有掩盖自己的野心，也从来没有掩藏自己的恐惧。

在这个世界上，厉害的角色无论是"奥特曼"还是"蝙蝠侠"，他们都有自己的恐惧，生活在几千年之前的刘彻的心理当然还没有强大到他们这么完备与健康，既然是这样，刘彻这场假想之战就有了意义。

意义就是解答心中的疑惑和抚平心中的恐惧。

我曾经不止一次地描写过刘彻处在朝堂之上的心境，一次是仰望，一次是俯视，一次是霸气，而这一次，刘彻是害怕。

他死死地盯着朝堂之下，恨不得洞察世间的一切，他拥有太多了，他得到太多了，于是，他变得满心惧怕着失去。

生活在世上的人，没有一个他能完全信任，所以刘彻想办法和另一个世界的人对话。

执政后期，刘彻毅然把自己的一腔余热投入神秘的方术之中，他希望自己能够长生不老，得道成仙。

征和二年（公元前 91 年）的某一天，勤加修炼的刘彻突然做了一个噩梦，梦见许多木头人拿棍子打自己，惊醒后便得了重病。病中的刘彻认为自己这个时候的道术功力已经非常深厚了，区区的几个木头人怎么能轻而易举地闯进梦中行凶呢？

于是刘彻坚定地认为这是有人行使巫术，立即派人追查。

这第一个假想敌就是战功赫赫的公孙敖家族。这个公孙敖是卫青从小到大的玩伴，也是曾经从馆陶公主的阴谋中救出卫青的人。

也正是这个讲义气的公孙敖因为受妻子行巫蛊的连累，当了刘彻假想战争中第一个阵亡的假想敌。

一位公孙先生去了，另外一个公孙先生也引起了刘彻的怀疑。

这个人就是公孙贺。

公孙贺是一名抗匈奴将领，在战争中屡立战功。战事完毕之后，刘彻又给了他一个肥差——司机。

刘彻出行离不开车啊，一坐上车就免不了和司机唠唠家常，于是，公孙贺和刘彻的关系越来越近，最后竟然娶了皇后卫子夫的妹妹卫君孺为妻。

太初二年（公元前 103 年），刘彻想让公孙贺当丞相。

对于当官这个概念的理解，人和人之间是不一样的。

像田蚡把脑袋削尖了都想往丞相之位上坐？可公孙贺面对丞相这个三公之首的官位却跪在地上哭了起来。

公孙贺的哭不是小泣，而是号啕大哭。这动静是为了告诉刘彻他不想当这个丞相啊，不是不敢当，是根本不想当。

公孙贺脑子进水了？那么你看看刘彻前任丞相的履历表，看完你就会说，谁想当丞相谁脑子才进水呢。

一任建陵侯卫绾：这个丞相是刘彻的老师，也是刘彻执政期间的第一任丞相。建元元年的六月，他因病被免去职务，也算是一个结局比较不错的人了。

二任魏其侯窦婴：当年作为大将军，破吴、楚，被封魏其侯。他和刘彻两人在合作的初期是很愉快的，一起办了不少事情。但是在窦婴上任还不到一年的时候，就被自己的亲戚赶下台来了。他自从得罪太皇太后，就一直郁郁不得志，不得志的人总是很快遭殃。在元光四年十二月的时候，窦婴因为伪诏而被斩首。

三任柏至侯许昌：他是接任窦婴做了丞相的。许昌因为是太皇太后所任命的，所以也事事都听从太皇太后的指示，刘彻讨厌透了他。到了建元六年，太皇太后死了，许昌的日子也就不好过了，很快就被刘彻以"治丧不办"的罪名炒了鱿鱼。

四任武安侯田蚡：早在窦婴当丞相的时候他就垂涎这个位置了，但是做了丞相他也没有办点好事，最后因为对窦婴心有愧疚，活活把自己给折磨死了。

五任平棘侯薛泽：田蚡死后，武帝让韩安国暂时行丞相事，本打算接着就让韩安国做丞相的，可是在这个时候安国却摔伤了脚，所以让薛泽拣了个便宜。元朔五年冬十一月初五，薛泽被免职，在职几年也没什么作为。虽然没有搞出什么明堂，他的结局也算不错的了。

六任平津侯公孙弘：这几个丞相当中年纪最大的人，在此之前，凡是做丞相的都是侯爵。可公孙弘还没有爵位，丞相加封侯爵，就是从他开始的。他做了六年御史、六年丞相，到了八十岁，死在了丞相位上。他之后李蔡、庄青翟、赵周、石庆、公孙贺、刘屈氂接踵为丞相。自蔡至庆，丞相府客馆都如同虚设，到了公孙贺、刘屈氂的时期已经破烂残败到让人以为是马厩或者奴婢的屋子了。之后的六个丞相里只有石庆由于惇厚恭谨，老死在相位上，其余尽皆被诛杀。

七任乐安侯李蔡：是飞将军李广的从弟，也就是李广自杀后一年，他就因为侵占了景帝陵园前大道两旁的空地来埋葬家人而获罪，他不愿意被审判，便也自杀了。

八任武强侯庄青翟：本为太子少傅，元狩六年夏四月，被任命为丞相。之后也让刘彻逮捕入狱，最后在狱中自杀。

九任高陵侯赵周：元鼎二年二月，武帝任命太子太傅赵周为丞相。九月初六，赵周被控告明知列侯所献黄金不足却不上报，被捕下狱。赵周也选择了自行了断。

十任牧丘侯石庆：石庆"文深审谨"，然而没什么大智慧，不能为百姓谋什么福利，最后是自然死在相位上的，也算善终。

大家都以为高官是肥差、美差。但是仔细看一下这十任丞相，最好的结局也不过是在相位上终老，其他的非他杀就是自杀。

公孙贺看得是胆战心惊，这哪是丞相啊，分明就是鬼门关，坐上相位等于半只脚踏进棺材了，说严重点，甚至连进棺材都不行，例如不一定能有个全尸，弄不好还得赔上九族的性命。

刘彻才不管他这一套，谁让人家是皇上呢？公孙贺没有办法，只能硬着头皮战战兢兢地做丞相了。

这样胆小怕事的丞相，怎么会让刘彻定为第二个假想敌呢？

原来，不仅刘彻的儿子刘据不像刘彻，这公孙贺的儿子公孙敬声也不像公孙贺，他老子胆小，可这儿子胆大，横行霸道，目无王法。

刘彻丢钱了，丢的是军饷。

而犯罪嫌疑人就是这公孙敬声，征和元年（公元前92年），他擅自挪用北军军费一千九百万钱。

这北军不就是皇城根底下那个皇家护卫队吗？这北军的军饷可是大有来头啊，那可是江充和刘彻费了很大劲才攒到的一笔钱。这下倒让你公孙敬声挪用了个精光。

你挪用谁的钱不好？非挪用刘彻的钱，你挪用刘彻的什么钱不好？非挪用军饷。

刘彻怒了，把公孙敬声下了大牢。

公孙贺本来就胆小，这样一来，差点被吓破了胆。吓归吓，但心情平静后，儿子还得救啊。

当时，刘彻正诏令各地紧急通缉阳陵大侠朱安世，这里"侠"主要还是偏贬义，是"以武犯禁"的意思，即用暴力触犯律例。司马迁倒也肯定了一些侠，不过到了武侠小说里"侠"基本就成了人人敬羡的褒义词。

于是公孙贺请求刘彻让他负责追捕朱安世，为他儿子公孙敬声赎罪。刘彻点点头。

在父爱的驱使下，公孙贺果然抓捕到了朱安世。

朱安世终究是见过世面的，表现出了大侠的风度，他仰天一笑，用一种复杂的语气，像怜悯，像威胁，说：丞相将要祸及全族了！

朱安世在狱中连夜提笔给皇帝写了一封信，揭发道：公孙敬声与阳石公主私通，还在陛下去往甘泉宫的专用驰道上埋藏巫蛊小人，诅咒陛下，口出恶言。

如果说刘彻上次是愤怒，那么这次刘彻立刻崩溃了。他眼中、脑中、心中立刻幻化出无数个巫蛊小人在向他张牙舞爪。

公孙贺父子毫无疑问地死在了狱中，而且公孙家被满门抄斩。

几个月之后，就连刘彻和卫子夫的亲闺女诸邑公主、阳石公主，卫青的儿子长平侯卫伉也被牵连，无一幸免。

事情还远没有结束，巫蛊这东西，和毒品一样，半点沾不得。那时的刘彻可有的是精力。

此时，大汉皇宫笼罩在一片"巫蛊小人"的恐慌之中，刘彻是铁了心要献身鬼神事业了。

有需求就有市场，越来越多的神道大仙聚集在京城皇宫，个个都法力无边，谁都能和神鬼说上几句话。

这些"有能耐"的人立刻让汉朝的审讯手段和形式有了一次质的飞跃。

以前判定一个人说别人坏话，诽谤他人，一定要见其人，闻其声。而现在呢？不仅仅是这样了，又出了一个"腹诽"。也就是说，你嘴上不说，但是我用仙术知道你肚子里对我有意见，那就得判刑。别以为你心里想的我就不知道。

这个技术真是让人叹为观止，就连科技发达的今天，我们也只停留在测谎仪的阶段。

不仅如此，这些大仙声称，在住的地方埋上小木人，定期祭拜就能消灾祈福，于是，皇宫里的一些宫女信以为真，这个做法很快就在宫中流传开来。

但是"巫蛊"因为其便利性，也成为刘彻时期杀人灭口、栽赃陷害的"必备良品"。

所以，很多人借"小木人"互相栽赃陷害，于是一个个消灾祈福的小木人全部变成了诅咒刘彻的小木人。

刘彻大开杀戒，卷入其中的人不计其数，后宫加上朝中人士在此次事件中死者多达数百人。

可怜这些有血有肉的人，被一个个干瘪无生命的小木人左右着、杀戮着。

乱世出英雄，乱朝出奸臣。

江充又有了用武之地，沉默了那么久，这次总算可以再搞出点动静了——确实，不鸣则已，一鸣惊人。他这一响，整个京城都吓破了胆。

一个小小的江充，平常干的也都是招惹权贵的事，因此得罪了不少人，尤其是当朝太子刘据，江充心里明白这刘据可是太子啊，刘彻一死，天下就是刘据的了，所以，江充的当下任务就是整垮太子。

他对刘彻说，陛下以前的身子骨多好啊，都是受这个巫蛊之害让陛下落下病根，这有病根就是还有人在背地里诅咒您呢，想要根除病根，必须把小木人完全找出来，杀光诅咒的人。

刘彻本来就担心，再加上又处于头脑发热期，江充这个建议立刻得到了他的认可。不仅如此，刘彻还给江充配置了几个人——宦官苏文、安道侯韩说、御史章赣。这三个人的加入无疑大大增加了江充的破坏力。

江充做的第一件事情就是挖洞掘土，他先从失宠的嫔妃处挖起，但这并不是江充的真正目的，想想就能知道，一个失宠的嫔妃能有什么挖头，做皇帝的女人都应该知道，有得宠的一天就有失宠的一天，早晚的事，况且现在皇帝疑神疑鬼，谁敢没事拿小人儿玩啊。

江充挖着挖着大家就见端倪了，他渐渐地挖到了皇后家，后来又挖到太子家，这也就是他此次的真正目的。

江充之所以对挖坑事业如此执着，是因为他十分清楚，刘据一旦当上了皇帝，他必将死无葬身之地，所以，对太子一定要斩草除根。

这真是一个祸不单行的夏天。皇宫上下，四通八达，简直成了老鼠的地道，最后皇后和太子连睡觉放床的地方都没有了。

这简直就是老鼠扛刀，满街找猫——嚣张至极。

一顿挖，一顿掘之后，江充声称，太子宫中挖出的小人最多，不仅如此，上面还写着谋反的文字，此事重大，必须马上报告皇帝。

太子一听慌了。此时的刘彻并不在朝中，而是在甘泉宫中避暑，刘据知道，不管这木头人是真是假，只要江充向父皇禀报，他必死无疑。赶紧和他的老师石德商量。

石德给出的建议是赶紧捉拿江充，因为皇帝此时不在朝中，先把江充严加审讯，揭穿他们的阴谋，然后再向皇帝说明情况。

太子听了石头德的建议还是拿不定主意，刘据决定亲自到甘泉宫向刘彻说明情况。

江充怎么会这么轻易放了太子，此时抓住太子就是抓住自己的命，皇帝和太子毕竟是亲生父子，太子一旦向皇帝说明情况，他一定难保性命，所以江充死活不让太子走。

万般无奈之下，太子刘据只得冒一次险。

正和二年（公元前91年）的一个夏天，太子刘据派人装扮成父亲刘彻的使者，前去捉拿江充团伙。在捉拿的过程中，韩说起了疑心，不肯就犯，被前来捉拿他们的武士杀死，江充被抓，但是另外两个人——苏文和章赣却逃走了。

他们逃跑的方向当然是甘泉宫。

面对江充这个大贼人，刘据自然也就顾不得逃走的那两个人了，但是，放走苏文和章赣也是刘据犯的最大的错误。

兵士们把江充带到刘据面前，刘据恨得咬牙切齿，江充你这个赵国狗贼，你挑拨离间赵国的父子还不够吗？今天又要加害于我，我今天非要了你的命不可。

斩杀江充的时候，刘据亲自到场，他要亲眼看到这个挑拨离间的贼人被处死。

江充死了，"富贵险中求"正是他的写照。杀人放火，才有活路。可是险到极致便是危亡。他万万没有料到自己的命运早已被时间算计过了。

杀死江充之后，刘据又把那妖言惑众的胡巫也烧死了。

此时的刘据已经没有后路可以退，他不明白父亲到底是怎么了，皇宫到底是怎么了，周围的一切都让刘据感到恐惧。他多想回到无忧无虑的童年，回到母亲身边去。

刘据当真回到了未央宫去找母亲卫子夫，这一次，他的手里拿着棍杖，他要接受母亲的责罚，他要寻求母亲的庇护。

卫子夫听了儿子的讲述，哪里顾得上责罚，她早已泪流满面，悲愤不已。

这个"巫蛊"已经让这个憔悴的母亲失去了两个孩子，如今，它还要继续害我最爱的儿子，我决不能让这样的事情再发生，我一定要保护我的儿子。

远在甘泉宫的刘彻此时也许正浸浴在温泉中，他没有看到也没有听到这对母子之间凄凉的对话。刘彻即将等来的是苏文、章赣，还有他们带来的一则天大的消息。

卫子夫调用了全部她能调得动的兵马，集合长乐宫的所有兵士全力支持太子，她也是在尽一个母亲的力量全力保护儿子啊！

苏文和章赣很快就到达了甘泉宫，在甘泉宫门口，两人商量了一下，一致决定把白的说成黑的。

两人找到了正在泡澡的刘彻。上述事件被他们完全颠倒之后，江充就成了超人式的英雄人物，太子就成了起兵反叛的大恶人。

离宫多时，刘彻似乎是因为远离了那些木头人，所以变得比较理智，说，"太子和江充以前本来就有过节，江充一定是声势太大把我儿子吓着了，刘据才做出这样的事情来的。"

这是刘彻在"太子叛乱"中唯一的一次表现对太子的情感，但仅仅就这一次。

于是，刘彻派人把刘据找来说明情况。

文章中，出现派人的"人"字的时候，这个被派的人通常也都是不痛不痒地一笔带过，电视剧中，这些被派的人也就是一个群众演员，顶多也就有几秒的镜头，有的时候连个正脸都没有。

但这次，就是这个被派的"人"坏了事，坏了大事，由于史书没有记载，这位仁兄到底是谁，实在无法考证。且称"人"兄。

这位"人"兄到了太子宫，听见里面乱作一团马上慌了神，他怕太子杀红了眼，见谁杀谁，于是就在城外晃了一圈。

这位"人"兄以报信的速度也很快，不久就回到了甘泉宫，在甘泉宫门口，"人"兄歇了歇脚，自己内心两个小人斗争过后，一致同意把没的说成有的。

"人"兄找到了还在泡澡的刘彻，说：太子造反了！真的造反了，他还要杀我，幸亏我逃得快。

刘彻大怒，一下从澡盆子里站了起来。

历史就这么诡异，好多大人物的命运往往由这些小人物摆布，他们甚至在历史上都没有留下自己的名字。

至此，刘彻和儿子刘据恩情全无。

至此，长安城中太子造反的谣言四起。

刘屈氂此时替代公孙贺出任丞相，听到流言后也来不及辨别真假了，慌忙逃跑，结果把自己吃饭干活的工具丞相大印给弄丢了。

刘彻追问下来，左右给他辩白，说是在封锁消息。刘彻一听，火了，这甘泉宫里都沸沸扬扬了，你还封锁什么消息？他指望着丞相能学学周公的风范，况且刘屈氂又是刘彻的侄儿，刘彻对他相对来说是很信任的。于是以赏代罚，加以激励，赐了一道诏书：捕杀叛者，自有赏赐。

刘彻想想还是不放心，也顾不得避暑了，从甘泉宫出来，亲临长安指挥平叛，征召长安周围的士兵，令丞相兼任将军，号召各地两千石以下的官员全由刘屈氂调配。

顺便说一下两千石的概念，一石米约为成年人半月的口粮。

在平叛演说中，刘彻诏告所有的士兵，谁能捉到叛贼，我大大有赏！

这还不够，刘彻还上手策划作战阵形，力保不放走一个叛贼。

一场儿子和老子之间的战争就这么开始了。

太子这边是明显处于下风的，刘据已向百官说明了自己用兵的理由，力图证明这不是一场造反。

父皇病重，困于甘泉宫中，而奸臣江充又加害于我，我是不得已而为之。

刘据此时已经刹不住脚步了，他拟写了一道假圣旨释放了长安城中的囚犯，并且发给他们武器，由少傅石德和门客张光统率他们抵抗丞相的军队，刘据希望这些早已不怕死的囚犯能给他一丝庇护，然而这样的抵抗并没有持续多久。

刘据只好求助于北军使者任安，任安原来是卫青的部下，刘据希望他能念在这个份上帮他一把。但任安着实不愿搅和进来，因为这打仗的两方毕竟是亲生父子，谁知道这唱的究竟是哪一出。

如果我帮了太子，太子兵败了，我就是共犯，一定会被皇帝杀头，如果我不帮太子，太子败了，但日后又平反昭雪，我又成了见死不救。

任安经过一番分析之后，选择了一个最折中，但也却最涮人的做法，答应太子的请求，但是按兵不动。也就是我们今天的"放鸽子"。

不过即使任安这样做了，也没能保住自己的命。刘彻认为，任安是老官吏，见出现战乱之事，想坐观成败，看谁取胜就归附谁，对朝廷怀有二心，因此将任安腰斩了。

朝廷的军队放鸽子，刘据只得发动民间力量，受够江充"巫蛊之害"的长安百姓听说太子杀了江充，都愿意帮助太子。

太子领着他的民兵小分队和丞相的大军正面相遇了，一边是专业的，一边是业余的，但就是这样，这场战斗依然打了五天。这五天之内长安城中血流成河，上万人死于这场糊涂的战斗。

后来，人们听到皇帝的平叛演讲，这才知道没有分清敌我，群情激奋的平民一哄而散，太子刘据兵败。

转瞬之间，刘据失去了所有的进攻手段，只能逃亡，等待着父亲的反应，此时的刘据心中还是存有幻想的：或许他还记得他是我父亲，亲生父亲。

刘据这个幻想很快就被大肆的杀戮掐灭了。很多在这次事件中帮助太子说话的人都被刘彻杀了。同时，太子的门客，只要是曾经出入太子宫的人一律被诛杀；跟随太子发兵的株连九族；就连被太子胁迫的普通士兵也要发配边疆。

刘彻和卫子夫之间也到了恩断义绝的时候了，刘彻派使臣来到未央宫要收回皇后的玉玺和绶带。

卫子夫凄然回首他们在年轻时的初遇，时光已经流逝了 40 多年了。

卫子夫自杀了，她已顾不得逃亡中的儿子了，对于一个帝王父亲，她一个母亲的力量显得那样的孱弱。

一个灰姑娘的爱情神话终究经不起时间的考验。

第十二章　你的心到底被什么蛊惑

第十三章 最后的日子

公 道

刘彻愤怒异常,满朝文武大臣人人自危。就在这个时候,站出了一个人,冒天下之大不韪地上了一道《上武帝讼太子冤书》,为太子刘据说了几句公道话。

这个人就是令狐茂。此时他远在壶关(今山西东南部)。

在奏书中,他分析了太子刘据用兵的原因,也申辩了太子刘据的冤屈。

第一,太子和陛下是人间至亲的父子关系,这一点是无法磨灭的,也是世间任何关系都不能替代的。

第二,江充原本只是赵国的一个刁民,如今挟陛下的诏令陷害太子,致使实情无法传达到陛下的耳朵里,太子无奈起兵杀之,亡命天涯。

第三,陛下轻信奸言,过分责罚太子,以致群臣心悸。请陛下结束对太子的征讨,原谅太子的过失。

刘彻看后似有感动,也似有醒悟,两眼黯淡了下去,但最终没有说一句话。

几日之后,太子刘据自缢的消息传至宫中,刘彻感伤落泪。后封踹开太子自缢房间门的张富昌为题侯,封抱住解下太子的李寿为邗侯。

迟来的正义从来就不是正义。不管刘彻此时心中有多少悔恨,他也只是一个暮年的老人了。人们都说疏不间亲,又云虎毒不食子,但晚年的刘彻在奸臣江充的挑拨下,悍然逼死了自己的老婆、儿子、女儿、侄子。

或许刘彻心中也有疑惑，这到底是怎么了，刘彻能挂在嘴边的人大多也都死了，白茫茫一片大地真干净。

都是怎么死的？都死于刘彻心中莫名的恐惧。

刘彻的恐惧来自哪里？来自对权力的眷恋。

对于这件事，几千年后的又一个伟大皇帝——康熙——高屋建瓴地做出了他的解读："充虽大奸，岂能谋间骨肉？特觑易储之萌，足以乘机窃发耳，物先腐而后虫生。"江充虽是大奸——这是历史一贯的评价，但是难道一个奸臣就能离间骨肉亲情？想必是武帝已有易储的念头，恰好被江充发现了。因为苍蝇不叮无缝的蛋，东西自己先腐烂了才会生虫。

出来混，迟早是要还的，刘彻没有公道，但命运却公道。

征和三年（公元前90年），匈奴卷土重来，再次和汉朝开始战争。

俗话说，是骡子是马，拉出去溜溜。

刘彻又派出了贰师将军李广利迎敌。

李广利这次也没有轻装上阵，他在战前和现任丞相刘屈氂进行了一次谈话，也正是这次谈话把李广利送进了棺材，一同陪葬的还有刘屈氂。

原来，刘据死后，太子的位置就一直空着，李广利希望丞相刘屈氂能走动走动，立昌邑王为太子。

这昌邑王就是李夫人的儿子，李广利的外甥。而丞相刘屈氂和李广利是亲家，如果昌邑王能当上太子，好处少不了大家的。

这两人商量着，可他们犯了一个致命的错误——没关紧门窗。

两人这一番谈话被人听到并且被告发了。

在汉朝时期，君君臣臣是分得很清楚的，大臣私下里议论立太子的事情可是杀头的死罪。

这个时候的李广利已经在前线了，那就只能先拿刘屈氂开刀了。

这个刘屈氂可真作死，自己有私议太子的罪过，而他的夫人也被密告因为刘屈氂多次受刘彻指责，所以使用巫蛊诅咒刘彻。

经过廷尉查办，刘屈氂被定为大逆不道之罪，游行示众，并处以腰斩；刘屈氂的妻儿则被斩首。

说到腰斩，就不得不想到包公的那几把铡刀。你可能以为包公铁面无私，但并不是残忍之人。你可能以为腰斩跟斩首一样，只是斩断的位置不同而已。

其实，腰斩绝对有实力在古代酷刑中名列前茅。

人的主要器官都在上半身，因此犯人被从腰部砍作两截后，神志仍是清醒的，得熬过相当长一段时间才断气。这段时间才是真正意义上的"求生不得，求死不能"。

为了让犯人好受点，家属往往会事先打点一下刽子手，让他行刑时从上面一点的部位动刀，这样可以让犯人早点断气；如果有人想要犯人多受点罪，就贿赂刽子手从下面一点的部位动刀，甚至将被腰斩之人上半截移到一块桐油板上，使血流不出，这样能使犯人多延续5~6个小时不死。

而斩首，相比于各种极刑的残酷性，则一直被认为是一种简单的死刑。因为头部器官非常重要，所以一旦截去，能导致立即死亡。

刘屈氂就这么在痛苦中渐渐死去了，他的撕心裂肺的喊叫声还久久萦绕在京城上方的云端，直到轻云承载不住，倾泻下一夜透雨。

自己的亲人我是六亲不认了，不过你李广利的亲人我还是会帮你认的。因为李广利这时在前线，所以刘彻就抓捕了他的妻儿囚禁起来。

还在前线的李广利听说自己妻儿被抓了，这摆明就是断了他的后路了嘛，眼下他也只能立功赎罪了。

他想打一场漂亮的胜仗将功赎罪，没想到连本钱都赔了进去。

李广利原本战术素养就不怎么样，又加上忧虑家中老少的安危而心绪不宁，因此完全失去了两军对垒中最必要的警觉。匈奴连夜悄悄在汉军营前挖了一条壕沟，第二天清晨发起突袭。汉军出营抗敌，却被军营前的深沟困住，进退不得，因而乱了军心，丧失了斗志，遭到惨败。七万汉家儿郎全部葬送在李广利手中。

李广利兵败投降了匈奴，受到狐鹿姑单于的厚待，娶了单于的女儿。而李广利在大汉的妻儿，在他投降后，全部被杀，灭了族。

李广利本人也没逍遥多久，很快因受宠而遭到另一个降匈汉使卫律的嫉妒，被诬陷致死。

旧的总该去，新的总会来。蛛网挂着，总会有蚊虫飞上来；篝火烧着，总会有飞蛾扑上来。死了一批，又来一批。皇位也是如此，高高地摆着，总有那么多双眼睛盯着。

第一个吃螃蟹的是昌邑王，他给众王子打了个头阵，还没摸清楚情况就让舅舅和丞相往前冲，结果是赔了舅舅又糟践了自己。

昌邑王被刘彻永远地否定掉了。

这个失败案例也让众多皇位争夺者吸取了教训：既然直抒胸臆不行，那就拐弯抹角。

尝试第二种方法的人是燕王刘旦。

后元元年（公元前 88 年），刘旦很突然地对自己老爸提出一个要求，希望到刘彻身边当近身侍卫。

敏感时期，哪壶不开提哪壶，你这不是摆明着套近乎吗？

刘彻要是吃这套，就不会有那么多大臣成为他的刀下鬼了。

可怜的是那个替刘旦带话的使者，替刘旦挨了一刀，这一刀是在脖子上。

这对刘旦只是一个预警，刘彻要给刘旦上一课，给他讲讲什么叫皇帝，什么叫资格，什么是该想的，什么是不该想的。

第二年，刘彻又查出燕王一些事儿，继而又削了他三个县的封地。

刘旦也彻底失败了。

刘彻一共就六个儿子，这选择一下就折了半，刘彻的锁定目标越来越小。

最后，刘彻看上了刘弗陵。

这刘弗陵是刘彻晚年宠妃钩弋夫人所生。

说到这钩弋夫人，还有一段传说。

在皇后卫子夫因"巫蛊之祸"而自杀之前的两三年，一次刘彻巡狩，路过河间，观天相、卜吉凶的术士对刘彻说，此地有奇女。刘彻立即派人寻找。

果不其然，片刻时间，随行官员就找到一位年轻漂亮的奇女子。据说这个女子天生双手握成拳状，不能舒展。

刘彻唤她过来，见她双手果真是紧握成拳状，便伸出双手将她的手指轻轻一掰，这女子的手轻松地舒展开来，右手掌心呈现出一只小小的玉钩。

刘彻感到神奇，将她带回宫中。

不久，她为已经六十多岁高龄的刘彻生下了最小的孩子刘弗陵，而她生这个小儿子的时候竟然怀了十四个月的胎。这个儿子的年龄竟然比刘彻孙子的年龄都小。

因为这个儿子，这位女子被晋封为婕妤，号钩弋夫人，小皇子也被称为"钩弋子"。

母以子贵。母是贵了，但这贵，却是"福兮祸所伏"。钩弋夫人万万没有想到，她最大的不幸就是生了这个儿子。

刘彻曾经说过刘据很不像自己，刘彻也曾经说过刘弗陵很像自己。

这个时候，太子之位仍然空缺，刘弗陵长到五六岁的时候，就非常聪明可爱，而且身材异常高大。刘彻看这软件、硬件都符合自己的标准，于是决定要册立他为太子。

这个决定刘彻考虑了很久。

因为刘彻还在想一个异常现实的问题。

这个时候的刘彻已经是六十多岁的老人了，而钩弋夫人当时只有二十几岁，她要走的路还很长。看着年轻美貌的钩弋夫人，刘彻感慨年华已逝的同时，也感觉到一种巨大的威胁——年轻。曾经作为资本的年轻，现在俨然成了祸水。

看看历史上多少朝代、多少诸侯国，它们的内乱是怎么发生的？还不是主幼母壮。皇帝很小，母亲很年轻。如果立了钩弋子为皇帝的话，他的皇太后才二十几岁。要一个二十几岁的皇太后守寡终生有悖人性，她守不住，肯定会有淫乱之事。

这是刘彻自己说的话。不过我们听人讲话，除了要听人讲出来的那部分，更要听没讲出来的那部分。

刘彻的另一个意思是他不想让汉朝再发生吕后乱政这样的噩梦。新皇帝太年轻，刘彻会为他安排顾命大臣，但是如果皇太后干政，那她就会成为顾命大臣的政敌。顾命大臣再稳健，再有能力，终究也只是一个臣子；而皇太后再年轻，再不懂政务，也是皇太后。一个是君，一个是臣，怎么玩下去？

如果皇太后不干政，那一些反对顾命大臣的人就会围着皇太后，打着皇太后的旗号，结成反顾命大臣的势力。结果还是会影响顾命大臣的执政效果。

所以，钩弋夫人，你不得不死！

一天，刘彻因一件小事向他年轻的妻子大发雷霆，钩弋夫人吓得赶忙磕头认错，连首饰都摘去了，刘彻不依不饶，命令武士把她拖了下去。

钩弋夫人被拖下去时，扭头向刘彻哭喊着，希望唤起他的怜悯之情。但颤巍巍的刘彻，威严地立着，背向大门，高声喊着："你必须死！"

可怜的钩弋夫人，才刚刚二十几岁，身在繁华如梦的皇宫，以为自己前程似锦，谁想阎王催得这么急，昨天还是老夫少妻共赴温柔乡，今天却要面对着丈夫无情的背影身首异处。

曾经以为青春是强大的筹码，美丽是富贵的资本，谁想一夜之间，这一切都调转枪头全都变了。

钩弋夫人之后，刘彻更是一发不可收拾，凡是为他生过孩子的嫔妃，不论生男生女，全部赐死。

自古红颜多薄命，女人遇到刘彻，终究落一句：心比天高，命比纸薄。

命运的月台

历史总是这样的诡异，在一些事情我们认为消失不见的时候，结果他又上妆重新登台。

刘彻这么一系列的大动作，往大里说是为了大汉王朝，往小里说是为了一个人——霍光。

命运总是在一个个月台之间走走停停。

霍光已经被重新洗牌，卫氏早就是旧事故人了，霍光除了那个无法更

历史原来这么有趣·汉朝卷——汉武大帝刘彻

改的姓氏昭示着曾经的荣耀以外，他的身上早已没有了外戚任何的纤尘。

况且霍光平时极其谨慎，跟在刘彻身边二十几年，从没说过一句不妥的话，从没办过一件不妥的事。

因为这两点，刘彻看好他。

霍光是霍去病同父异母的弟弟。元朔四年（公元前119年），霍去病率兵出击匈奴，路过河东，与他的生父霍仲孺相认。凯旋时，再次拜访，并把十几岁的霍光带回了长安。

霍光小小年纪就跟随骠骑将军哥哥来到了皇宫中，皇权的威严使他处事格外谨慎，心性逐渐成熟，心中不自觉地树立起两个天神——皇帝和哥哥，他们显得那样遥不可及，可他们又那样真实地存在于霍光的眼中。重生的愿望沐浴着少年霍光的灵魂。

爱屋及乌，霍光很快就被任命为郎官，后又升为诸曹侍中，参谋军事。

兄弟俩没有想到，这样相处的时光只有短短两年。

两年之后，霍去病去世。

对于霍去病的去世，刘彻多少带有惋惜的心情。

为了表达自己的哀思，刘彻厚待了他的兄弟。刘彻让霍光做了他的奉车都尉，享受光禄大夫待遇，负责保卫自己的安全，所谓"出则奉车，入侍左右"。

少年霍光的身上承载着一样东西，心中这种源源不断的前进动力让他从来不吝惜自己对天命的想象。

他变得更加沉稳和冷静，刘彻也越发地信任他。错综复杂的宫廷斗争让他的政治素质得到了彻底的历练。虽然也有小狡黠，但他身上更多的是优秀的品质。

刘彻留给太子四个人，在这个班底中，霍光是最关键的人物。

本来作为首辅的人选，从个人品性上来说最让刘彻放心的是金日磾。

金日磾，竟然是一个匈奴人。刘彻对匈奴人的恨是众所周知的，但就在这样的一种情况下，金日磾却得到了刘彻的重用，可见刘彻的用人方略确实是不拘一格。

这个金日磾本是驻牧武威的匈奴休屠王太子，"金"是刘彻给他的赐姓。

大汉朝怎么会有一个匈奴人？而这个匈奴人还得到刘彻这么多的信任，甚至还要把汉朝的辅国大任交给他？

从元狩二年（公元前121）开始，骠骑将军霍去病两次出兵攻击匈奴，大获全胜。在河西的匈奴休屠、浑邪二王及部属四万余人降汉，休屠王被杀，年仅十四岁的金日磾和他的家人沦为汉朝的奴仆，被送到黄门署养马。

刘彻爱马这是人所共知的。一次他在宫中宴游欢乐，玩得很尽兴，便下诏去看马助兴。

当他看到一个体形魁伟、容貌威严、目不斜视的青年牵着膘肥体壮的骏马从殿上走过时，感到很惊讶，在他的脑子里根本没有这个人啊，便问起这个牵马人的情况。

当他得知金日磾为休屠王之子后，就让他当了马监。之后升迁为侍中、驸马都尉、光禄大夫。由于金日磾孝敬母亲，做事小心谨慎，从不越轨行事，深受刘彻信任，成为亲近侍臣。

后来发生了一件事情，刘彻认识到这个人确实不简单。

金日磾有两个儿子，刘彻很喜欢这两个虎头虎脑的小家伙，时常把他们留在身边嬉戏，但是其中大儿子得宠便放肆，行为越来越不端，有一次竟然在大殿之下调戏宫女，正巧被金日磾撞见，金日磾容忍不了这等淫乱的行为，便亲手杀了自己的儿子。

刘彻知道后大怒，怪罪下来，金日磾忙叩头谢罪，据实告诉详情。刘彻虽伤心自己的弄儿被杀，但对金日磾更加敬重。

假如说刘彻这个时候对金日磾的国籍还有一点顾虑的话，那么后来发生的这一件事情让刘彻对金日磾完全放下了防备。

征和二年（公元前91），由于江充诬陷太子事件败露，刘彻诛了江充九族。江充好友马何罗阴谋反叛，金日磾发现了他们的异样，独自暗中监视，与他们一同上下殿。马何罗也觉察到了金日磾的怀疑，所以久久没机会动手。一天，刘彻出行到林光宫，金日磾生病卧床休息。马何罗知道机会来了，就集结几个人假传圣旨深夜外出，杀了使者，发兵起事。

历史原来这么有趣·汉朝卷——汉武大帝刘彻

第二天一早，金日磾心头一颤，预料有事发生，连忙进入刘彻的卧室，躲在内门后。不一会儿，马何罗袖藏利刃走进来，看见金日磾，神情大变。金日磾抱住马何罗，随即高呼：马何罗反了！刘彻从床上惊起，侍卫赶来把马何罗捆住，严加审讯，最后马何罗伏法受诛。从此，金日磾的忠诚笃敬和聪明才智不仅得到了刘彻的认可，而且得到了满朝文武的认可。

金日磾忠心而且谨慎，行事光明磊落，没有其他人那么多弯弯肠子，又颇懂为人处世和折冲御侮之道，把太子交给他是最让刘彻放心的。但国籍问题是刘彻最想忽略但又最不能忽略的问题。

且不说刘彻心里会不会有那种"非我族类，其心必异"的小家子气的想法，首先在下边群臣的舆情这道关口，金日磾就闯不过去。

刘彻深知要让手下这群臣子心甘情愿地跟着一个匈奴人办事是肯定办不到的，金日磾有能力治国，但是却没有能力镇国。

对于目前百业凋敝、再也经不起折腾的大汉江山来说，上层统治集团的团结是至关重要的。如果辅臣发生分裂甚至引发动乱，对于帝国的伤害将是致命的，刘彻看到了这一点。

金日磾即使再优秀、再忠心也不可能成为他的首辅顾命大臣，所以他选择了根红苗正的霍光。

不久，刘彻便命画工画了一幅周公背负周成王的图画赐给了霍光。

周公背成王的故事源自周朝：周武王死的时候，他的儿子周成王年龄还小，他就委托他的弟弟周公来辅佐成王。于是这个周公就背着他的侄子，来替他执掌朝政，朝见诸侯。

只要画工不出太大的问题，这画意谁会看不懂？他是希望霍光能效仿周公，辅佐少主刘弗陵。霍光诚惶诚恐地收下了画，大智若愚地仅仅把它当作赏赐，不对画意做任何揣测。

祸从口出，谨慎的霍光是绝对不会犯这种错误的。

后元二年（公元前87年），刘彻越发垂老，每一次呼吸都变得越发困难，似乎在当年打匈奴的时候刘彻都没有感觉如此费力。

也许这一次，我是真的老了，时间如此苍白、单薄，如漩涡一般将我拉向死亡。

看到刘彻这个样子，霍光哭着问刘彻，陛下如果遭遇不测，谁可以继承大位啊。

刘彻说，这还用我说吗？我送你画，你以为我那是闲情吗？我小儿子刘弗陵做成王，你做周公辅佐他。

刘彻下诏，立幼子刘弗陵为太子，霍光、金日磾、上官桀、桑弘羊四人为顾命大臣。其中，霍光为首辅，金日磾为次辅。

权力是滋长野心的温床，所以托孤重臣是不可能让刘彻放心的。但以目前的情况，霍光确实是最合适的人选。

刘彻看中霍光，并不是一般人印象中的"忠心"，而是霍光的"能干"。霍光是一个很有才干也很有手腕的人，兼之长期在刘彻身边参赞机要，熟习庶务，把儿子交给他，应该说没有什么事情摆不平。霍光在朝廷的名声很好，也素有人望。再加上霍光平时韬光养晦，待人谦和，持身又极正派，又不仗着是皇帝的宠臣而趾高气扬地欺压别人，为他在同僚眼里加了不少印象分，可谓众望所归。

刘彻的算盘原来如此——是让霍光出来领班，而金日磾则不出头，用金日磾的"忠心"来牵制霍光的"能干"。

下诏后三天，刘彻离开了这个他无比眷恋的人世。

总有一些事情，还未来得及注解，就被时间一层层包裹，带去了不知名的天堂。有人说刘彻该下地狱，我却不这么认为。

对于一个知道自己错误的帝王，我想天堂是愿意接收的。

在刘彻死之前，一向专横的他竟然对天下人说，朕错了。

这就是《轮台罪己诏》。

征和四年（公元前89年），桑弘羊等人上书刘彻，建议在轮台（今新疆维吾尔自治区轮台县）戍兵以防备匈奴，刘彻驳回他们的建议，并下诏反思自己，承认了一系列过错，进行了自我批评。史称《轮台罪己诏》。

这么大张旗鼓地认错，刘彻是中国帝王第一人。

笔墨千秋

死是一件不必急于求成的事，死亡是一个必然会降临的节日。

当一个人站在生命的尽头，转回身看着一路走来的深深浅浅的脚印的时候，如果谁能有一种过节的坦然与欣喜，那么恭喜你，你可以含笑九泉了。

这种功德圆满后的百感交集，我是还没到时候，但想象也许很少人有，但我知道，作为精神贵族的司马迁肯定是会有的，他是微笑着离开的。

公元前 99 年的那个秋天，李陵战败投降，消息传到朝延，昨天还是万人颂扬的英雄，一夜之间便成了人人不齿的汉奸走狗。

当一干人等都看着刘彻脸色的时候，司马迁讲出了史实般的话。

他挺身而出，却掉进了万劫不复的深渊。

在一个文化屈从权势的传统中，司马迁站成了一棵孤独的树。也是这种坚韧的姿势没有让我们在黑夜里昏昏欲睡。

历史是从来不能屈服的，司马迁捍卫了它。

对司马迁的一生造成重大影响的，除了"李陵事件"之外，就是撰写《史记》了。

从公元前 108 年开始整理史料，为写《史记》做准备，到公元前 91 年正式完成《史记》，司马迁整整花了十八年时间。

十八年足够一个男儿再次变成一个好汉。

但这十八年对于司马迁来说却不是一个值得感念的过程，尤其是受宫刑后的七年，那对司马迁来说，太长了。

受宫刑以后，司马迁每次想到自己所受的奇耻大辱，就汗流浃背，浑身湿透，"居则忽忽若有所亡，出则不知其所往"。由此可见，这次人生的巨变对司马迁的打击是非常巨大的，它让司马迁的精神几乎到了崩溃的边缘。

但就是这样，司马迁仍然没有把《史记》写成一部尖锐的控诉史，他依然以他的基本客观描述感动着世人。写作成了他此时唯一的寄托。他日日不停，夜夜不息，经过十八年的痴心浇灌，他终于完成了父亲临终前的

第十三章　最后的日子

嘱托，终于完成了自己"究天人之际，通古今之变，成一家之言"的心愿，终于雪洗了自己之前所受的奇耻大辱！

苏轼说过，"古之立大事者，不惟有超世之才，亦必有坚忍不拔之志。"司马迁可以作为佐证。

论起絮叨别人家长里短的本事，司马迁可算是第一流的高手。

但在千言万语的《史记》中，我们很少看到司马迁对自己家事的唠叨，他绝不提及革命家史。这是典型的"厨子家里没有好锅灶"。

所幸写历史的毕竟不只他一人，我们还是从别人的文字中看到了一个完整的司马迁。

司马迁他们家祖上在周朝的时候就是史官，到了他老爸司马谈那里，又重新端起了这个饭碗，干起了祖宗的本行。所以司马迁是正儿八经、根红苗正的史学世家出身。

据司马迁自己说，他小时候干过体力活，放放牛，耕耕田，牛角之上挂论语。不过过去的文人倒是很爱把自个儿往劳动人民队伍中扎一扎，一个猛子下去，上来的时候就显得自己倍儿朴实。

司马迁从十岁的时候就开始读古文接受教育了。司马迁所处的时代，恰好是汉武帝刘彻听从董仲舒建议的时候。

那个时候的主流学派就是儒学。待到司马迁把家搬到京城后，董仲舒成为司马迁的导师，所以，这司马迁的基本功打得是特别扎实。

司马迁父亲司马谈的收入在当时不算高，但司马迁到了 20 岁，老头子狠心下了血本，花钱让司马迁去游历天下。

这次为期两年的自费旅行，司马迁每到一个地方就考察风土人情，做了大量实地采访，这正好为日后写《史记》打下了实践基础。

这个时候的司马迁还没有滋生出那么多的伟大情怀，但也绝对算得上是一个热血文艺青年。走到屈原自沉的汨罗江边，他哀恸地流下眼泪；到了孔子故地，他考察齐鲁文化，看孔子遗风；后来他又拜访秦汉历史人物的故乡，走过楚汉相争的战场……

游历回来之后，司马迁就当了汉武帝的侍从官，一干就消磨了十几年的青春。之后的他又去云南和四川的一些地方，等再回到父亲身边的时候，老人已经到了生命的最后时刻了。

临终前，司马谈按当时文化人的惯例先周公、孔子地缅怀了一通先烈，然后才点到正题："我死之后，你一定要接上史官这个工作，我悉心想完成的这部历史书，就全靠你了！"说完这句话，老人就安详地去了。

到了司马迁三十八岁的时候，他果然接了老爸史官的班，顺理成章地开始准备写《史记》。等司马迁正式动笔，他已经42岁了。不料司马迁安心搞创作没几年，就在李陵的案子上栽了个大跟头。

司马迁在大牢里度过了3年，在此期间他一直抓紧时间写《史记》。但宫刑给司马迁造成了严重的心理阴影，觉得人们都在看自己笑话。出狱后刘彻让司马迁当了中书令，而这个职位一般也都是由太监担任的，这又给了司马迁一剂沉重的心理暗示。

明摆着是把我当成了太监。司马迁这下更受刺激了，经常精神恍惚，出了门就忘了自己想去哪里，一想到自己受过宫刑就浑身出冷汗。

在这种魂不守舍的精神状态下，司马迁对自己的工作完全心不在焉，所有心思都花在了《史记》上。司马迁的朋友任安觉得他行为不正常，就写信批评司马迁不安心本职工作、吊儿郎当。

过了半年多，任安因为政治斗争犯事进了大牢，眼看小命不保。司马迁这才给任安写了一封回信，把自己受刑后这些年的郁闷好一通大发泄。这封回信就是著名的《报任安书》。

这个时候司马迁的《史记》已经完成，《报任安书》也成了司马迁最后一次有据可查的史料，此后就没有了这位史学大师的确切下落了。

有人也许会问：既然司马迁这么率直，敢于伸张正义，而且和任安的交情这么好，为什么后来任安遭难的时候，他没有站出来为任安辩解呢？

其一，当太子刘据被江充陷害、被迫起兵的时候，作为北军使者护军的任安确实曾答应刘据出兵，但结果却按兵不动，的确有"坐观成败"之嫌。从道义上说，任安是否值得维护，确实值得斟酌，这是最根本的原因。

其二，任安犯的是"不忠"之罪，司马迁根本无能为力。他在《报任安书》中详尽地叙述了自己遇祸的经过以后，写道："此真少卿所亲见，仆行事岂不然乎！"此言表明，"李陵事件"有目共睹，我司马迁人微言轻，已是人所共知，现在的确没有能力救你！事实上也是如此。司马迁因为替李陵辩白而惨遭宫刑，这已经充分说明司马迁的话对汉武帝根本不起作用，而此时他又已成刑余之人，"负下未易居，下流多谤议"，此时再开口不过是自取其辱。

不论是作为一位文人，还是作为一位史官，司马迁从来没有放弃自己固守的精神本土。作为一位文人，尽管受到了足以致命的一击，可他非但没有沉沦，反而忍辱负重，发奋著书，留下了一部发人深省、万世传颂的巨著；作为一位史官，他敢于直言进谏，秉笔直书，可谓竭忠尽智、恪尽职守。高尚的人格、深邃的思想和独到的见解，使他在精神王国里永远散发着璀璨的光芒，并且不断地激励着后人去探寻生命的意义和存在的价值！

《史记》被司马迁的女儿司马英收藏在家里，第一个读者就是司马迁的外孙杨恽。

杨恽读此书，爱不释手，读了一遍又一遍，他常想，外祖父这一支笔，足足蘸了千年的墨水。这才是真正的笔墨千秋啊！

汉宣帝时，杨恽被封为平通侯，他见当时朝政清明，便上书汉宣帝，把《史记》献了出来，公开发行，从此天下人才得以共读这部伟大的史著。

"史家之绝唱，无韵之离骚"。《史记》是一部历史，更是一部文学巨著。笔墨千秋，天下共赏。

汉朝小民的牢骚

汉朝的天空，星光灿烂。

但是在后人看来，这些光芒并不只属于这个时代的几个帝王。司马迁、张骞、卫青、霍去病，这些人在历史的天空中熠熠生辉。

这部书中说的都是汉朝的那些大事、小事、大人、小人。

但汉朝的小民们依旧自如地活着，他们用另一种方式来体验大汉跳动的脉搏，也不断地发泄着他们的牢骚。

如果你有幸生活在汉朝，又有幸住在长安，而且拥有长安户口，那么恭喜你，你有眼福了。

现今，如果在大街上认出个被帽檐、墨镜、衣领遮去大半张脸的艺人，免不了一阵大呼小叫。可这事要是放在长安城，人家不笑话才怪。因为长安老百姓时不时地就能看到超级巨星——皇帝。

皇帝对于长安城内的人来说并不是一个遥远的神话，这一天和皇帝打两次照面也不是什么新鲜事，可长安居民可不认为这是什么高兴事，他们满腹牢骚！

汉朝皇帝的宫殿不像后来的紫禁城一样把自己包裹得像个粽子，它的建筑风格是非常开放的，城内宫廷官署与民居杂处，有九条主街干线互为经纬。

因此皇帝想要从一座宫到另一座宫去，就要从街道走。这一走就要戒严，长安城里的神仙都得让道，只要皇帝想动身，长安居民就不得安生。不光你皇帝有车，我们也有车啊。汉朝人打仗用车，出行用车，婚嫁也少不了车。琳琅满目的车辆几乎成了汉朝的国家习惯。所以这一戒严，与现在的交通和现在节假日的高速公路一般，一望无际的车。

要是皇帝兴致来了，想打猎，那长安居民就更遭殃了。尤其是刘彻，刘彻的打猎非同一般，他从来都是微服打猎的，号称自己是平阳侯，率领一支精悍的骑军，沿途打猎，长安百姓的庄稼没少让刘彻的马蹄子践踏。

更要命的是，刘彻打猎有一个习惯，夜出晨归。这让老百姓不但物质上受损失，精神上也受到了严重的创伤。（因为睡不好，得神经衰弱的不在少数。）

在汉朝，打架斗殴之前一定要看清楚对方手里的家伙，不要以为是古代，就是用木头、石头之类的火并，你大错特错了，汉朝有先进的武器——弩，就是骑兵用来对付匈奴的武器，有的甚至是几连发，因为这种武器威力极大，刘彻的丞相公孙弘还曾经提议将它列为管制武器，不允许私人拥有。

假如汉朝有法律系的话，如果你脑子没有足够的内存和兼容性的话，我劝你还是不要学习了，因为你不要奢望能把国家法律完全弄清楚，这东西就连专门断案的老吏都未必能读得全，它多得能压垮国家藏书的书架子，何况书里面到处是自相矛盾。

在汉朝，如果小民生了女孩不要紧，女孩也能富贵，不是有卫子夫"灰姑娘"的故事吗？如果小民生的女孩丑也不要紧，只要能让她心灵手巧能嫁出去就好了。如果小民生的女孩到了十五岁还没嫁人那就惨了，汉朝流行早婚。晚婚晚育虽然有诸般好处，但最可怕的是可能永远也结不了婚，而且还得被罚钱。有一段时间，汉朝的法律规定，要是谁家姑娘十五岁了还没嫁人，就得交双倍的人头税。

在汉朝，如果你遇到一个八九十岁的老头可千万不要惹他，就算他专门往你身上撞，你也最好躲得远远的，私下发发牢骚就够了。

因为人家这年龄不是一般的年龄，人家手里拿的杖也不是一般的杖。这杖叫王杖，是皇帝赐的。这拿王杖的老人，不但可以随便出入官府，甚至可以在天子道上行走，在市场上做买卖可以不收税，触犯刑律如果不是首犯可以不起诉。被谁欺负了，就是蔑视"王杖"，也就等于蔑视皇帝。即使对方是官员，也同样是要砍头的。一杖在手，天下任我走。

在汉朝如果你想当官，你必须有才；如果没才，那你必须有钱，而且是非常有钱，起码得拥有百万以上的钱。这个时候，你就能拿着大把的钱去买一个郎官了，但也只能做郎官。

在汉朝，如果你要学军事，就去陇西；要学文化，就去齐鲁；要学赚钱，则去洛阳。如果你什么都不想学，只想唱唱歌、跳跳舞然后嫁个有钱人，那就去赵地吧。

在汉朝，如果谁跟你说他今天吃的菜差点没辣死他，你可以确信他是在吹牛，你大可以大吼一声："少糊弄小民我，因为辣椒是哥伦布发现新大陆后才有的，汉朝人还没口福吃到辣椒呢！"

汉朝民众可不喜欢看什么韩剧，追什么韩流。那时候越南、朝鲜、日本等东亚、东南亚国家都朝着汉朝看齐呢，汉朝才是亚洲时尚引领者。

假如你是一个汉朝小民，遇见一个人大谈以德治国，那么你可以确信他是儒学派；如果你遇到一个人大谈法律的重要性，那么你可以确信他是法学派；如果"外儒内法"两个都谈，那么恭喜你，你遇见刘彻了。

如果有春秋战国人乘着时光机来数落汉朝独尊儒术、文化专制。你就告诉他，我们汉朝学术自由，儒家学者有能综合众家者，有能研一家之学者，如司马谈等人学道家，阳球等人学法家，主父偃等人学纵横家，田蚡等人学杂家，董安国等人学农家……

对了，如果你是汉朝小民，你有幸可以吃到豆腐了，美容养颜皮肤好。这个你得感谢谋反叛乱的那个淮南王刘安，是他发明了豆腐。

汉朝小民牢骚不断。

汉朝朝气蓬勃，活力四射，以非凡的气度雄踞东方，傲视世界。

汉朝的小民有诸多快乐，也有诸多痛苦，更有诸多无奈，发发牢骚而已……

第十三章　最后的日子